Dr. Ruth K. Westheimer
und Pierre A. Lehu

Bleib ich oder geh ich jetzt?

Dr. Ruth K. Westheimer
und Pierre A. Lehu

Bleib ich oder geh ich jetzt?

Entscheidungshilfen für oder gegen eine Trennung

Aus dem Amerikanischen
von Christa Broermann

Kösel

Deutsche Erstausgabe
Die Originalausgabe erschien unter dem Titel *Stay or Go? Dr. Ruth's Rules for Real Relationships* bei Amazon Publishing, New York

FSC
www.fsc.org
MIX
Papier aus verantwortungsvollen Quellen
FSC® C014889

Verlagsgruppe Random House FSC® N001967

Umschlag: Weiss Werkstatt, München
Umschlagmotiv: shutterstock/Yurgo (Bildnr. 520631197)
Redaktion: Susanne Lötscher
Satz: Leingärtner, Nabburg
Druck und Bindung: Friedrich Pustet KG, Regensburg
Printed in Germany
ISBN 978-3-466-34746-9
www.koesel.de

Dieses Buch ist auch als E-Book erhältlich.

Für alle, deren Beziehung auf der Kippe steht

»Ziehe hinweg zu deinem Nutzen
und zu deinem Besten.«

RASCHI-KOMMENTAR ZUM 1. BUCH MOSE
ZU GOTTES AUFTRAG AN ABRAHAM

INHALT

Einleitung

Obwohl ich in erster Linie als Sexualtherapeutin bekannt bin, habe ich auch eine ganze Menge Eheberatung und Paartherapie gemacht. Als höchst frustrierend empfinde ich es, wenn ein Paar erst dann zu mir kommt, wenn es schon zu spät ist, die Beziehung wieder in Ordnung zu bringen. Therapeuten haben keine Superkräftc. Mit einer soliden Ausbildung und genügend Erfahrung können wir Hilfestellung bei der Reparatur einer angeschlagenen Beziehung geben, aber wenn die beiden Partner bereits zu weit auseinandergedriftet sind, können wir nichts mehr tun.

Natürlich hätten sich manche Paare gar nicht erst zusammentun sollen, und dann wäre es vom ersten Tag an Zeitverschwendung gewesen, sie in ein liebendes Paar verwandeln zu wollen. Verstehen, worauf man sich einlässt, ist das Thema für ein anderes Buch – das ich übrigens schreiben werde. In diesem Buch halte ich mich an das Thema, wie Sie entscheiden können, ob Ihre derzeitige Beziehung zu retten ist. Manchmal gelingt das und manchmal betrüblicherweise nicht.

In der Zeit, als ich meine Radiosendungen hatte, riefen oft Zuhörer an und erzählten mir ihre Leidensgeschichte mit einem Partner. Kam ich zu dem Schluss, dass die Beziehung hoffnungslos war, zeigte ich immer auf meine Rundfunkredakteurin Susan Brown, die auf der anderen Seite der Glasscheibe des Studios saß. Das war ihr Signal, einen Ausschnitt aus dem Lied »I'm Gonna Wash That Man Right Outa My Hair« aus dem Broadway Musical »South Pacific« einzuspielen.

Als Therapeutin glaube ich fest daran, dass man Zeit und Mühe aufwenden sollte, damit eine Beziehung gut läuft – nicht, weil ich eine hoffnungslose Romantikerin bin, sondern weil ich vielen Paaren geholfen habe, ihre Beziehung zu retten. Ich bin auch Realistin, und deshalb weiß ich, dass in bestimmten Situationen die beste Entscheidung sein kann, Schluss zu machen, ehe der Schaden noch größer wird.

Dieses Buch ist für Sie und handelt nicht von mir; aber ich möchte Ihnen einen wichtigen Aspekt meiner Philosophie gleich von vornherein mitteilen. Ich bin mehrmals nur knapp mit dem Leben davongekommen. Erst entkam ich dem Holocaust, weil ich in ein Waisenhaus in der Schweiz geschickt wurde. Dann war ich im israelischen Unabhängigkeitskrieg als Melderin für eine Untergrundorganisation im Einsatz und ständig in Gefahr, erschossen zu werden. Schließlich wurde ich bei einer Bombenexplosion in Jerusalem schwer verletzt, bei der mehrere Personen, die dicht neben mir standen, ums Leben kamen. Meine Erfahrungen haben mich gelehrt, wie kostbar das Leben ist, daher versuche ich, keine Zeit zu verschwenden.

Natürlich sollten Sie keine Nahtoderfahrung brauchen, um schätzen zu lernen, wie kostbar jede einzelne Minute ist, aber sie hilft allemal. Sie haben wahrscheinlich schon erlebt, dass Menschen in einer Situation feststecken – einer engen Liebesbeziehung, einer Freundschaft, einem Job, der Mitgliedschaft in einer Organisation –, aus der sie sich ganz klar herauslösen müssten, und doch tun sie es nicht. Die häufigste Frage eines Außenstehenden lautet: »Warum willst du dich noch weiter damit herumquälen?« Das ist eine gute Frage, aber ich würde sie unter einem anderen Gesichtspunkt stellen: »Warum willst du noch eine einzige Sekunde des nächsten Aktes in deinem

Leben verschwenden?« Anders gesagt, sobald Sie erkennen, dass die Situation aussichtslos ist, gehen Sie am besten Ihrer Wege und bereiten sich auf das vor, was als Nächstes kommt. Wenn Ihre nächste Liebesbeziehung voller Glückseligkeit sein wird und Sie sich in Ihrer derzeitigen nur noch die Augen ausweinen, warum sollten Sie dann die Suche nach dieser neuen Beziehung länger aufschieben?

Wie Sie wissen, steht man selten vor einer reinen Schwarz-Weiß-Situation. Wahrscheinlich mögen Sie manche Aspekte Ihrer Beziehung und andere nicht – und dieses Buch will Ihnen dabei helfen herauszufinden, auf welcher Seite sich die Waagschale senkt.

Meine abschließende Anmerkung, ehe ich mich dem Kernthema dieses Buches zuwende, gilt der Frage, auf wen Sie hören sollten beziehungsweise warum Sie auf mich hören sollten. Wenn Sie einen scharfen Schmerz im Unterleib verspüren würden, würden Sie dann zu den Nachbarn laufen, zu Ihrer Schwester oder zu der Frau, die Ihre Fingernägel manikürt? Natürlich nicht, Sie würden zu Ihrem Arzt gehen. Was hat Ihr Arzt Ihnen anzubieten, was die anderen nicht haben? Eine langjährige Ausbildung und Erfahrung. Obwohl eine Beziehung, die in die Brüche geht, nicht ebenso zum Tod führt, wie ein durchgebrochener Blinddarm das kann, ist das Konzept dasselbe. Die Ratschläge, die Sie von Ihren Freunden und von Ihrer Familie bekommen, beruhen allesamt auf deren Lebenserfahrung. Manche dieser Ratschläge mögen brauchbar sein, viele andere nicht. Höchstwahrscheinlich werden diese Menschen Ihnen gesunden Menschenverstand bieten, was hilfreich sein kann, aber vermutlich werden sie auch abwegige Vorschläge machen, die die Situation eher verschlechtern können.

Als Therapeutin habe ich eine jahrelange Ausbildung durchlaufen. Und die Ratschläge, die ich Ihnen erteile, wurden bereits gründlich in der Praxis getestet. Wenn ein Paar zu mir kommt und ich sage den beiden, sie sollten X, Y oder Z machen, und sie berichten mir später, das habe prima geklappt, dann gebe ich diesen Rat mit gestärktem Vertrauen auch anderen weiter. Meine Klienten können auf meinen Rat vertrauen, weil ich gesehen habe, dass er wirksam ist.

Sie brauchen Ihre Emotionen nicht unter Verschluss zu halten und sich in strenges Stillschweigen zu hüllen. Vielmehr kann es sehr tröstlich sein, über Ihre Schwierigkeiten zu sprechen. Wenn Sie Ihr Herz bei guten Freundinnen und Freunden ausschütten können, ist das wunderbar, aber nehmen Sie nicht deren Ratschläge an, ohne vorher sorgfältig die möglichen Folgen zu analysieren. Wenn Sie beispielsweise überlegen, jemanden zu verlassen, und alle Ihre Freunde sagen, das sei das Richtige, dann wird Sie das wahrscheinlich in Ihrer Entscheidung bestärken. Wenn Sie aber unsicher sind, was Sie tun sollen, dann sollten Sie vorsichtig mit dem Feedback umgehen, das Sie bekommen, denn es kann unausgewogen und in vielfacher Hinsicht parteiisch sein und Sie dazu verleiten, die falsche Entscheidung zu treffen.

Bei der Lektüre dieses Buches werden Sie immer wieder auf Fragen stoßen, die ich mit der Überschrift: »Halten Sie inne und überlegen Sie« versehen habe. Wenn Sie bei einer solchen Frage ankommen, dann unterbrechen Sie bitte Ihre Lektüre und nehmen sich eine Weile Zeit, um über die Frage nachzudenken. Ihre Platzierung ist wichtig, weil sie sich direkt auf das jeweils besprochene Thema beziehen. Ihr Ziel ist es, Ihnen eine Wissensgrundlage im Hinblick auf Ihre Beziehung zu vermitteln.

Es kann auch hilfreich sein, wenn Sie sich Ihre Antworten notieren. Nicht alle Fragen werden Sie betreffen, aber über jede einzelne nachzudenken, kann für Ihre Situation dennoch von Nutzen sein.

Ich werde mich zu einigen dieser Fragen in den letzten Kapiteln dieses Buches äußern, aber ich möchte Sie anregen, dieses wertvolle Werkzeug schon während des Lesens zu nutzen.

EIN ÜBERBLICK ÜBER BEZIEHUNGSPROBLEME

Sie spüren einen scharfen Schmerz im Unterleib, gehen zur Ärztin und erfahren, dass Sie eine Blinddarmentzündung haben. Kurz darauf liegen Sie in einem Krankenhausbett, und Ihr Blinddarm fehlt Ihnen. Und mit »fehlt Ihnen« meine ich, dass er Ihnen körperlich abhandengekommen ist, weil der Chirurg ihn entfernt hat. Das alles läuft ziemlich schnörkellos ab, wenn es keine Komplikationen gibt.

Sich aus einer Beziehung herauszulösen, ist nicht so leicht. An Ihren Blinddarm haben Sie keine emotionale Bindung, daher löst Ihr Gehirn, sobald die Operationsschmerzen abgeklungen sind, nicht jedes Mal Großalarm aus, wenn Sie an dem betreffenden Krankenhaus vorbeikommen. Aber bei dieser Bar, in der Sie Ihren Liebsten oder Ihre Liebste zum ersten Mal gesehen haben – da ist das etwas ganz anderes, nicht wahr?

Wenn Sie ganz weit zurückdenken, an das kleine Mädchen oder den kleinen Jungen, in das oder den Sie in der ersten Klasse verliebt waren, werden Sie noch immer einen kleinen Stich im Herzen spüren. Vielleicht sind Ihnen alle anderen aus der Klasse gleichgültig, aber wie Ihr damaliger Schwarm heute aussieht, wüssten Sie doch gern und auch, ob er Single oder verheiratet ist, dick oder schlank, reich oder arm. Und das gilt selbst dann, wenn Sie sich nicht einmal einen Kuss gegeben haben. Sie können nicht einfach die emotionalen Bindungen löschen, die sich entwickeln, wenn Ihr Herz im Spiel ist. Diese einstigen Bindungen hinterlassen Narben auf Ihrer Seele, die Ihnen immer bleiben. Um körperliche Narben zu sehen, müssen Sie in einen Spiegel oder auf Ihren Körper schauen, aber seelische Narben können Ihnen jederzeit in den Sinn kommen und wieder und wieder spürbar werden. (Überlegen Sie nur einmal, wie oft Menschen aus Ihrer Vergangenheit in Ihren Träumen auftauchen.) Doch ob Sie schon einmal eine schlimme Trennung erlebt haben oder nicht: Sie können sich sicherlich vorstellen, wie schmerzhaft es sein kann, sich von jemandem loszureißen, den Sie einmal geliebt haben. Deshalb zögern die Menschen instinktiv, ehe sie eine Beziehung beenden.

Dr. Ruth Westheimer

@AskDrRuth

Trennung ist schwer, weil man unmöglich alle Verbindungen durchtrennen kann.

Wenn der Prozess der Ablösung so überwältigend schmerzhaft ist, warum sollten Sie sich dann eine Trennung antun? Leider entscheiden sich allzu viele Menschen für die Antwort: »Das lasse ich lieber.« Ich sage »leider«, weil im Lauf der Zeit der Schmerz, der sich in einer schädlichen Beziehung anhäuft, wahrscheinlich schlimmer ist als die schrecklichen Gefühle, die mit einem radikalen Bruch einhergehen. Dennoch ist der Weg des geringsten Widerstandes sehr verlockend.

Halten Sie inne und überlegen Sie: Folgen Sie dem Weg des geringsten Widerstandes oder tun Sie das, was für Sie richtig ist?

Ein Grund dafür, dass man den Weg des geringsten Widerstandes wählt, ist die Hoffnung. Wenn Sie in einer Beziehung mit jemandem feststecken, der alles in allem nicht zu Ihnen passt, dann kann es gut sein, dass Sie seine Fehler schon viel früher gesehen haben, aber hofften, die positiven Seiten ausbauen und die negativen minimieren zu können. Inzwischen ist jedoch viel Zeit vergangen und die Veränderungen, auf die Sie gehofft hatten, sind nicht eingetreten. Ich will nicht sagen, dass Veränderung unmöglich ist. Allerdings ist sie nicht sehr wahrscheinlich, wenn Sie nur still darauf hoffen. Vielleicht können Sie mit einem gut durchdachten Plan eine Veränderung in die Wege leiten, aber bloß darauf zu hoffen, ist kein gut durchdachter Plan.

Dr. Ruth Westheimer

@AskDrRuth

Auf Besserung zu hoffen, ist kein Plan.

Wenn Paare in Schwierigkeiten stecken, gehören sie meist in eine von drei Kategorien:

- Extrem schädliche Beziehung: Sie sollten keine Sekunde länger zusammenbleiben.
- Steiniger Weg: Ihr Weg ist holprig geworden und sie sind an einer Weggabelung angelangt. Ob sie den Rückweg zu einer gesunden Beziehung schaffen, ist unklar.

- Knifflige Lage: Ihre Liebe ist noch stark, aber in der heutigen Welt, in der so viele Paarbeziehungen nicht von Dauer sind, wissen sie nicht, wie sie weitermachen sollen.

Halten Sie inne und überlegen Sie: In welcher dieser Situationen befinden Sie sich?

Egal in welcher Situation ein Paar sich befindet: Es braucht einen Plan. Beziehungsprobleme werden nur schlimmer, wenn man sie wuchern lässt. In diesem Buch werde ich Ihnen Ratschläge geben, was alles zu Ihrem Plan gehören sollte. Im Augenblick will ich nur darauf hinweisen, dass Glück allein nicht Ihre Rettung sein wird. Ja, ein paar Spieler gewinnen im Lotto, aber die meisten nicht. Sie können sich nicht einfach hinsetzen und zuschauen, wie die Minuten, Stunden, Tage oder gar Jahre verrinnen. Sie müssen Grenzen setzen und Entscheidungen treffen, was Sie tun werden, wenn diese Grenzen erreicht sind.

Dr. Ruth Westheimer

@AskDrRuth

Stellen Sie eine Sanduhr auf Ihren Schreibtisch, die Sie daran erinnert, keinesfalls zuzulassen, dass Ihre Beziehung Körnchen für Körnchen das Leben aus Ihnen heraussaugt.

Pläne zu schmieden, wie Sie Ihre Beziehung wieder in Ordnung bringen können, garantiert noch keinen Erfolg. Ihre Pläne können fehlerhaft sein oder der Mensch, mit dem Sie Ihr Leben teilen, kann zu stur, zu zerbrechlich oder zu geschädigt sein, um bei diesen Plänen mitzumachen. Pläne zu entwerfen und umzusetzen, hat auch einen Nachteil: Es macht Sie verletzlich. Ins Wasser zu springen, bedeutet schwimmen oder untergehen. Das kann viel mehr Angst machen, als am Beckenrand stehen zu bleiben. Was können Sie also tun, um die Angst vor dem Scheitern zu verringern?

3 Halten Sie inne und überlegen Sie: Haben Sie Angst, es zu versuchen, weil Sie Angst vor dem Scheitern haben?

Als Erstes müssen Sie Ihre rosarote Brille absetzen. Anders gesagt: Schauen Sie sich Ihre Beziehung genau an. Riskieren Sie tatsächlich viel, wenn Sie Bewegung in die Sache bringen, oder fürchten Sie vielmehr, dumm zu erscheinen oder öffentlich zugeben zu müssen, dass Sie einen Fehler gemacht haben? Manche Ängste sind den emotionalen Stress wert, den sie auslösen, andere aber nicht. Das genaue Verständnis für das, was auf dem Spiel steht, kann die Aufgabe durchaus erleichtern. Kommen Sie bei näherer Prüfung zu dem Schluss, dass Ihre Beziehung zu der extrem schädlichen Sorte gehört, dann ist es nicht mehr so schwer, den Ausstieg zu planen.

Wie führen Sie diese Selbstanalyse durch? Sie brauchen dafür Stift und Papier. Wenn Sie sie nur im Kopf machen, riskieren Sie, sich immer wieder auf die gleichen Punkte Ihrer Liste zu konzentrieren. Jawohl, der Streit, den Sie letzten Dienstag hatten, war schlimm, aber bei der Prüfung, die Sie hier vornehmen, geht es nicht um eine einzelne Schlacht, sondern um den ganzen Krieg. Wenn Sie die Liste auf Ihrem Smartphone oder Computer anlegen, riskieren Sie, dass Ihr Partner oder Ihre Partnerin sie findet; allerdings müssen Sie auch eine handgeschriebene Liste irgendwo hinlegen, wo sie nicht zufällig gefunden wird. Und diese Liste können Sie auch nicht im Handumdrehen erstellen. Ihr Gehirn braucht Zeit, um diese Gedanken zu verdauen. Lassen Sie es ruhig angehen. Nehmen Sie sich zehn Minuten hier und fünfzehn Minuten dort und schreiben Sie alles auf, was Ihnen in den Sinn kommt, Gutes und Schlechtes. Nach ein paar Runden werden wahrscheinlich Muster auftauchen, überwiegend positive oder überwiegend negative. Sie suchen auch eher nach Mustern als nach konkreten Beispielen, denn der Blick auf die Muster wird Sie auf den Weg führen, den Sie einschlagen müssen.

Halten Sie inne und überlegen Sie: Welchem Muster folgt Ihr Beziehungsweg?

Ihre Beziehung unter die Lupe zu nehmen, ist natürlich von Haus aus angsterregend. Es zu tun, mag zwar offensichtlich erforderlich sein, aber viele Menschen schieben es trotzdem auf. Viele Paare gehen in keine Art von Therapie, weil sie ihre Beziehung nicht so genau auf den Prüfstand stellen wollen. Schon allein die Praxis eines Therapeuten zu betreten oder dort anzurufen, um einen Termin zu vereinbaren, beinhaltet die Bereitschaft, etwas zu ändern. Sie sind dann im Begriff, die wahre Natur Ihrer Gefühle für Ihr Gegenüber einem Profi zu offenbaren, der schon alles gesehen hat. Sie werden Feedback von jemandem erhalten, der weiß, wovon er redet, und vielleicht wird Ihnen nicht gefallen, was Sie hören. Sie werden gedrängt werden, Ihre Beziehung entweder zu verbessern oder zu beenden, und vielleicht klammern Sie sich an die scheinbare Sicherheit des Stillstands. Eine Therapeutin kann Sie nicht zwingen, aktiv zu werden, aber nachdem Sie Zeit und Geld in die Therapie gesteckt haben, wird es für Sie schwieriger sein, Ausreden zu finden, um nichts zu unternehmen. Infolge dieser Überlegungen entscheiden sich manche für den Weg des geringsten Widerstandes, der darin besteht, schon von vornherein keinen Fuß in eine solche Praxis zu setzen.

Ein Problem, vor dem Therapeuten stehen, ist, dass die Klienten dazu neigen, ihnen nur die halbe Wahrheit zu sagen. Sie malen vielleicht ein allzu rosiges Bild oder stellen ihr Gegenüber als Monster dar. Therapeuten können Ihnen keinen nützlichen Rat geben, wenn sie ein verfälschtes und nicht das echte Bild sehen. Es ist schwieriger, einen Therapeuten anzulügen als sich selbst, aber es ist nicht unmöglich. Wenn Sie Angst vor der Wahrheit haben, »vergessen« Sie vielleicht, von wichtigen Vorfällen zu berichten, etwa davon, dass er Sie einmal geschubst hat oder dass sie Sie vor Ihrer ganzen Familie bloßgestellt hat. Seien Sie in solchen Fällen vollkommen ehrlich, egal, ob Sie mit einem Therapeuten reden oder mit sich selbst. Die Wahrheit kann zunächst einmal wehtun, aber sie wird längst nicht so schmerzhaft sein, wie auf Dauer mit jemandem zusammenzubleiben, zu dem Sie nicht gehören.

5 Halten Sie inne und überlegen Sie: Belügen Sie sich selbst, was Ihre Beziehung angeht?

Es heißt immer, es gebe keine Garantie, aber das stimmt nicht ganz. Wenn Sie in einer Beziehung bleiben, die Sie unglücklich macht, ist Unglück garantiert. Wenn Sie gehen, fühlen Sie garantiert den Schmerz, der entsteht, wenn Sie die Bande kappen, die Sie mit diesem Menschen verknüpfen. Sie haben keine Garantie, dass die Bemühungen, Ihre Beziehung zu reparieren, diese tatsächlich verbessern wird – zumindest nicht so weit, dass Sie sie aufrechterhalten möchten.

Dr. Ruth Westheimer

@AskDrRuth

Für Toaster gibt es eine Garantie, für Beziehungen nicht.

Dann gibt es noch die wirklich traurigen Fälle, in denen einer der Partner geht und nach ein paar Monaten, Wochen oder sogar nur Tagen zurückkommt. Eine On-Off-Beziehung ist das schlechteste Szenario, weil Sie die Hochphasen nie richtig genießen können, da Sie wissen, dass das nächste Tief gleich um die Ecke wartet. Wenn Sie genau so leben, dann durchtrennen Sie die Verbindung ein für alle Mal.

6 Halten Sie inne und überlegen Sie: Leben Sie in einer On-Off-Beziehung?

Es ist schwer, sich aus einer langjährigen Liebesbeziehung zu lösen, sagen Sie? Hier ist ein Tipp, wie Sie sich das ein bisschen erleichtern können: Versuchen Sie, sich in eine prominente Persönlichkeit zu verlieben. Wenn Ihr Gehirn das Bild des Partners heraufbeschwört, den Sie gerade verlassen haben oder demnächst verlassen werden, dann schalten Sie in Gedanken zu einer Fantasie über diesen Schwarm um. Sie können sogar ein paar Fotos von ihm in Ihrer Umgebung aufstellen oder aufhängen. (Sie sind ein Fan, wer sollte da dumme Fragen stellen?)

Der Sinn solch einer Übung ist, Ihr Gehirn so zu trainieren, dass Sie nicht ständig in Gedanken um Ihren toxischen Partner kreisen. Und sich eine prominente Persönlichkeit als Fantasieliebhaber auszusuchen, ist besser, als jemanden zu wählen, der vielleicht erreichbar ist, wie etwa ein Kollege oder eine Nachbarin. Wenn Sie sich einen Menschen in Ihrer Nähe dafür aussuchen, flößt Ihnen das vielleicht Schuldgefühle ein oder sorgt für weitere Verwirrung. Eine prominente Persönlichkeit, die nicht greifbar ist, bringt keine solchen Risiken mit sich.

Dr. Ruth Westheimer

@AskDrRuth

Fantasien können nützliche Hilfsmittel sein, um Ihr Gehirn darauf zu trainieren, sich nicht auf negative Gedanken zu fixieren.

Wenn Sie Ihr Leben mit dem Leben eines anderen Menschen verflochten haben, heißt das, dass es nie einen leichten Ausweg gibt. Angenommen, Sie führen eine schlechte Ehe, und Sie beschließen beide, in Therapie zu gehen. Nach sechs Monaten mit einer wöchentlichen Sitzung sind Sie vielleicht so weit gediehen, dass Sie eine bestenfalls erträgliche Ehe führen. Ist »erträglich« gut genug für ein Zusammenbleiben? Wie wäre es, wenn Sie stattdessen in einer wunderbaren Ehe leben könnten? Nur Sie selbst können diese Fragen beantworten, und die Entscheidung, ob Sie in einer Ehe bleiben wollen, die so lala ist, ist manchmal ausgesprochen schwer. Sie haben an der Ehe gearbeitet und Fortschritte erzielt, und wenn Sie dann weggehen, müssen Sie diesen Schritt nicht nur vor sich selbst und Ihrem Partner oder Ihrer Partnerin rechtfertigen, die sich bemüht haben, die Lage zu verbessern, sondern auch gegenüber Freunden und der Familie, der eigenen und der anderen.

Das ist einer der Gründe dafür, warum man Privatangelegenheiten gerade in puncto Beziehung für sich behalten sollte: Dann können Sie sich ohne Publikum entscheiden. Wenn Sie Ihre Eheprobleme Angehörigen und Freunden anvertrauen, werden Sie mit verschiedenen Arten von Gruppendruck konfrontiert. Sich anderen gegenüber erklären zu müssen, kann Ihre Entscheidungsfindung erschweren. Wenn nicht klar auf der Hand liegt, auf welcher Seite sich die Waagschale bei der Entscheidung senken wird, kann Gruppendruck Sie dazu zwingen, die falsche Entscheidung zu fällen. Und da Gruppendruck sich auf Ihr Unbewusstes auswirkt, erkennen Sie vielleicht noch nicht einmal, welchen Einfluss er auf Ihre Entscheidung hatte.

7 Halten Sie inne und überlegen Sie: Beeinflusst Gruppendruck Ihre Entscheidungsfindung?

Ich verstehe Ihr Bedürfnis, mit Menschen, denen Sie vertrauen, über Ihre Probleme zu sprechen. Aber wenn Sie schon Ihr Herz öffnen, dann offenbaren Sie wenigstens nicht jedes kleine Detail. Den Wunsch danach haben Sie vielleicht, um sich emotional zu entlasten, aber übertreiben Sie es nicht. Behalten Sie Dinge für sich, die Menschen außerhalb Ihrer Beziehung vielleicht nicht ganz verstehen. Angenommen, Ihr Partner lässt seine schmutzige Wäsche auf dem Boden liegen, und Sie müssen sie dann aufheben. Darüber streiten Sie sich heftig. Am nächsten Tag schütten Sie Ihr Herz Ihrer besten Freundin aus und jammern darüber, wie empörend Sie diese schlechte Gewohnheit finden. Dann aber lädt Ihr Liebster Sie zu einem romantischen Abendessen ein, und am nächsten Morgen denken Sie auf Ihrem langen Weg zur Arbeit verträumt darüber nach, wie sehr Sie ihn doch lieben. Sie beschließen, dass diese eine Macke nicht Grund genug sei, sich von ihm zu trennen. Doch jedes Mal, wenn Sie Ihre Freundin sehen, fragt sie Sie, ob er noch immer seine Klamotten herumliegen lässt. Sie haben beschlossen, damit zu leben, aber die Frage weckt ein schlechtes Gewissen in Ihnen und treibt damit einen Keil zwischen Sie und ihn. Da ich glaube, dass harmlose Lügen vertretbar sind, würde ich Ihnen in dieser Situation raten, Ihrer Freundin zu sagen, dass er sich wie durch ein Wunder in einen geradezu penibel ordentlichen Mann verwandelt hat. Damit will ich sagen, dass Sie außerordentlich vorsichtig mit dem sein sollen, was Sie Freunden und Angehörigen erzählen, damit Sie sich nicht in eine Ecke manövrieren, aus der Sie nicht mehr herauskommen.

Halten Sie inne und überlegen Sie:
Erzählen Sie jedes kleine Detail Ihrer Beziehung einer Freundin oder gar mehreren? Wenn ja, welche Auswirkungen kann das auf Ihre Entscheidungsfindung haben?

Schlechtes über Ihren Partner zu verbreiten, kann weitreichende Konsequenzen haben. Wenn Ihr Partner sicher ist, dass Sie Ihrer besten Freundin von Ihrem Streit erzählt haben, dann wird er vermuten, dass die Freundin auch erfahren wird, wenn er jetzt anfängt, seine Klamotten selbst aufzuheben. Dann fühlt er sich vielleicht durch ihre Reaktion in seiner Männlichkeit bedroht. Vielleicht ließe er sich ja dazu überreden, diese Gewohnheit zu ändern, weil er Sie liebt und weil er begreift, wie unfair sie Ihnen gegenüber ist, aber vor den Augen Ihrer sämtlichen Freundinnen einen Rückzieher machen zu müssen, könnte mehr sein, als sein Ego verkraftet.

Natürlich könnte die Situation auch eskalieren. Jetzt streiten Sie nicht mehr nur über seine schmutzigen Socken, sondern auch über Ihre Freundinnen. Wenn Ihr Partner herausfindet, dass Sie diese Schattenseite Ihrer Beziehung Ihren Freundinnen offenbart haben, will er vielleicht nichts mehr mit ihnen zu tun haben. Sie sind aber ein wichtiger Teil Ihres sozialen Lebens, folglich gibt es jetzt noch eine ganz neue Schicht von Problemen zwischen Ihnen zu lösen.

Dr. Ruth Westheimer

@AskDrRuth

Wenn Sie Ihr Privatleben öffentlich machen, wecken Sie damit vielleicht schlafende Hunde.

Dass es keine Garantie gibt, wenn es um die Reparatur von Beziehungen geht, liegt daran, dass sie so kompliziert sind. Sogar noch komplizierter, als Ihnen klar sein mag. Falls Sie sich nicht einer jahrelangen Psychotherapie unterzogen haben, ist Ihnen wahrscheinlich nicht bewusst, welche Aspekte Ihrer Vergangenheit Einfluss darauf haben, wie Sie heute auf verschiedene psychische Reize reagieren. Vielleicht ließ zum Beispiel Ihr Vater seine Unterwäsche auf dem Boden liegen und Ihre Mutter musste sie aufheben, und außerdem verursachte er die blauen Flecken, die Sie immer wieder an ihren Armen sahen. In diesem Fall könnte die nervige Gewohnheit Ihres derzeitigen Partners, seine getragene Wäsche auf dem Boden liegen zu lassen, eine viel tiefergehende Wirkung auf Sie haben, als Sie oder Ihr Partner sich das vorstellen können. Von Ihren eigenen emotionalen Triggern sind Ihnen vielleicht manche bekannt und manche nicht, aber Sie können unmöglich alle emotionalen Trigger Ihres Partners kennen. Schließlich haben Sie vergleichsweise wenig Zeit mit diesem Menschen verbracht. Folglich haben Sie ein bruchstückhaftes Bild von der psychischen Struktur Ihres Partners. Sie kennen einige »Knöpfe«, aber nicht alle. Sie können Ihre eigene Motivation nicht umfassend verstehen, geschweige denn die Ihres Partners, und das bedeutet, dass Sie eine Beziehung nur in großen Zügen steuern und sich um die wichtigen Themen kümmern können, während Sie die unwichtigeren einfach durchgehen lassen müssen. Eine Feinabstimmung wird eher scheitern, weil es auf Ihrem Weg Hindernisse gibt, die Sie nicht sehen können, die aber dennoch Auswirkungen auf Ihre Beziehung haben können.

Halten Sie inne und überlegen Sie:
9 **Was in Ihrer Vergangenheit könnte beeinflussen, wie Sie auf Ihren Partner oder Ihre Partnerin reagieren?**

Emotionen spielen zwangsläufig eine große Rolle in einer Liebesbeziehung. Dennoch müssen Sie rational entscheiden, ob Sie gehen oder bleiben, andernfalls packen Sie vielleicht am Ende Ihrer nächsten Auseinandersetzung Ihre Koffer. Was immer Sie tun: Fällen Sie keine Entscheidungen, wenn die Gefühlswogen hochschlagen, denn dann werden Sie eher eine überstürzte Entscheidung treffen, die Sie später bereuen.

Dr. Ruth Westheimer

@AskDrRuth

Treffen Sie keine Entscheidungen, wenn Sie in einer emotional aufgeladenen Verfassung sind.

Ein weiterer möglicher Fehler ist, auf die Vorstellung von Seelenpartnern hereinzufallen. Darunter versteht man zwei Menschen, die perfekt zusammenpassen. Diese Vorstellung kann gefährlich sein, weil sie einen unerträglichen Druck auf das Paar ausübt: Jede Beziehung ist an irgendeiner Stelle mit Mängeln behaftet. Niemand ist vollkommen, und zwei Menschen, die ihr Leben miteinander teilen, können die Unvollkommenheiten vervielfachen. Wenn zwei Menschen etwas zu entscheiden haben, können selbst einfache Wahlmöglichkeiten, bei denen keiner der beiden recht oder unrecht hat, Konflikte hervorrufen. Es wird immer Momente vom Typ »Er will das Schlafzimmerfenster offen haben, sie geschlossen« geben. Sie sind unvermeidlich und vereiteln die als Ideal angestrebte Vollkommenheit. Statt zu denken: »Er kann nicht wirklich mein Seelenpartner sein, wenn er darauf besteht, die ganze Nacht das Fenster offen zu lassen, obwohl er weiß, dass ich es lieber geschlossen hätte«, akzeptieren Sie besser, dass Ihre Beziehung nicht perfekt sein wird, und erlernen die Kunst, Kompromisse zu schließen. (Beim Schnarchen, einem im Schlafzimmer häufig auftretenden Problem, halte ich eine Menge von dem Kompromiss, getrennte Schlafräume zu haben!)

Dr. Ruth Westheimer

@AskDrRuth

Die Vorstellung, es gebe Seelenpartner, führt nur zu einer Enttäuschung.

Das andere Problem, wenn man Vollkommenheit erwartet, ist, dass man sich keinen Raum für Veränderungen lässt. Sagen wir, einige Ihrer Freundinnen haben sich von ihren Partnern getrennt, und sie waren sich alle einig, dass eines ihrer großen Probleme darin bestand, dass sie nicht genug Zeit mit ihren Männern verbringen konnten. Sie hatten so viel zu tun, dass manchmal Tage oder sogar Wochen vergingen, bis sie Gelegenheit zu einem Gespräch fanden. Dieser Kommunikationsmangel schwächte ihre Beziehung immer mehr. Wenn Sie diese Geschichten hören, sind Sie sehr dankbar, dass Ihnen das nicht passieren kann, weil Ihr Arbeitsplatz und der Ihres Partners nah beieinander liegen und Sie morgens auf dem Weg dorthin miteinander reden können. Und dann ruft ein Headhunter an und bietet Ihnen einen Job an, bei dem Sie das Doppelte verdienen, dafür aber ans andere Ende der Stadt fahren müssen.

Ihnen ist intensiv bewusst, wie nötig regelmäßige Kommunikation ist, denn was Ihren Freundinnen passiert ist, war eine wichtige Lektion für Sie. Aber diesen neuen Job anzunehmen, muss nicht das Ende einer guten Kommunikation oder ein Risiko für Ihre Beziehung sein. Sie und Ihr Partner müssen sich einfach neue Möglichkeiten suchen, miteinander zu sprechen. Wenn Sie darüber nachdenken, stellen Sie wahrscheinlich fest, dass vieles von dem, worüber Sie unterwegs gesprochen haben, einfach Geplauder war, aber deshalb müssen Sie nicht unbedingt eine Stunde am Tag aus dem Hut zaubern. Andererseits brauchen die meisten ernsthaften Gespräche eine Weile, um sich zu entwickeln, deshalb können Sie nicht erwarten, das gleiche Kommunikationsniveau in fünf Minuten zu erreichen. Sie werden einen Kompromiss finden und sich irgendwann in der Woche Zeit nehmen müssen, um die unverzichtbare Kommunikation aufrechtzuerhalten.

Dr. Ruth Westheimer

@AskDrRuth

Schreiben Sie Gedanken auf, die Sie Ihrem Partner oder Ihrer Partnerin mitteilen wollen. Dann werden Sie nicht vergessen, was Sie sagen wollten, wenn Sie einen ruhigen Moment für ein Gespräch finden.

Natürlich ist es leichter für mich zu sagen, Sie müssten sich Zeit zum Reden nehmen, als es für Sie ist, diese Zeit auch zu finden. Ich schlage Folgendes vor: Wenn Sie mit Ihrem Partner besprechen, ob Sie den neuen Job zusagen sollen, überlegen Sie sofort, wann Sie sich künftig Zeit für Ihre Kommunikation nehmen werden. Machen Sie Ihrem Partner klar, wie wichtig dieser Job für Sie ist und welch großen Wert Sie zugleich darauf legen, Ihre gute Verbindung aufrechtzuerhalten. Paare müssen ihre eigenen Lösungen für so etwas finden, aber wenn es ihnen ernst ist, wird ihnen das nicht allzu schwerfallen (allerdings kann das bedeuten, dass Sie ein bisschen weniger schlafen!). Und Sie können auch nicht die Möglichkeit ausschließen, dass dieser neue Job nicht nur mehr Geld bringt, sondern auch mehr Verantwortung, was wiederum andere Arten von Stress in Ihre Beziehung bringen könnte. Aber wenn Sie das Schlimmste annehmen und sich sagen: »Das werden wir nie überleben!«, dann wird Ihnen das auch nicht gelingen. Das Leben wird Ihnen alle möglichen Herausforderungen bescheren, besonders, wenn Sie mal Kinder bekommen. Wenn Sie in Ihre perfekte kleine Welt verliebt sind und glauben, sie sei Ihr Sicherheitsnetz, dann verabschieden Sie sich besser von dieser Vorstellung und lernen, eine Beziehung aufzubauen, die Unvollkommenheiten und Schwierigkeiten aushalten kann. Bereiten Sie sich darauf vor, flexibel, widerstandsfähig und kompromissbereit zu sein. Seien Sie bereit, für Ihre Liebesbeziehung zu kämpfen.

Am anderen Ende des Spektrums, den Seelenpartnern gegenüber, sind die Romeos und Julias angesiedelt, deren Liebe unter einem schlechten Stern stand und denen vom Schicksal bestimmt war, dass sie nicht auf Dauer ein Paar bleiben konnten. Alle Paare haben gute und schlechte Tage, aber wenn ständig eine dunkle Wolke über Ihnen beiden zu schweben scheint, dann schieben Sie es bitte nicht auf das Schicksal. Vielleicht passen Sie nicht zusammen. Vielleicht geben Sie sich nicht genug Mühe oder arbeiten zu wenig an Ihrer Beziehung und lassen stattdessen zu, dass sie in die Binsen geht. Sie haben vielleicht keine vollständige Kontrolle über Ihr Leben, aber leugnen Sie nicht die Kontrolle, die Sie haben. Sie sind weder Seelenpartner noch ein Liebespaar, das unter einem Unstern steht; deshalb liegt die Entscheidung, ob Sie zusammenbleiben oder sich trennen, in Ihrer Hand.

Dieser Rat gilt für Paare, die in einer festen Beziehung leben, und wenn Sie verheiratet sind, dann vergessen Sie nicht das traditionelle Ehegelöbnis, bei dem Sie versprochen haben, einander von nun an treu zu sein »in guten und in schlechten Tagen, in Reichtum und Armut, in Gesundheit und Krankheit«.

Wie wichtig ist Ihnen dieses Gelöbnis (oder einfach das Versprechen, ein monogames Paar zu sein)? Da ungefähr 50 Prozent aller Ehen mit einer Scheidung enden, ist ein öffentliches Gelöbnis vor Freunden und Angehörigen offenkundig noch keine Garantie dafür, dass Sie für immer verheiratet bleiben. Für mich ist der wichtigste Aspekt dieses Versprechens die Zusage, dass Sie sich nach Kräften bemühen, alle Probleme zu lösen, die eventuell entstehen können. Ich gebe zu, dass diese Probleme so schwerwiegend sein können, dass sie mehr Gewicht bekommen als Ihre Zusage. Aber wenn Sie sich gar nicht erst dem Zusammenhalten verpflichten, dann braucht es nicht viel Gegenwind, um Sie auseinanderzuwehen.

Halten Sie inne und überlegen Sie:
Wie wichtig ist Ihnen das Versprechen, das Sie Ihrem Partner oder Ihrer Partnerin gegeben haben?

Bis hierher habe ich in diesem Buch noch nicht viel über Liebe geschrieben. Liebe ist natürlich wichtig, aber in arrangierten Ehen, die im Lauf der Geschichte weitverbreitet waren und in vielen Kulturen auch heute noch üblich sind, hat Liebe nichts mit Ehe zu tun. Viele von diesen arrangierten Ehen sind ausgezeichnet. Liegt das in irgendeiner Weise an diesen anderen Kulturen oder ist Liebe nicht so wichtig, wie wir das in unserer Gesellschaft propagieren?

Liebe ist ein entscheidender Faktor. In einem emotionalen Vakuum ohne Liebe ist die Gefahr erheblich größer, dass sich irgendwann auf dem Weg einer der beiden Partner oder alle beide in jemand anderen verlieben, um dieses Vakuum zu füllen, und das trägt nicht zu einer glücklichen Ehe bei. Daher muss die Liebe integraler Bestandteil einer festen Beziehung sein, damit sie stark und dauerhaft ist. Aber Liebe macht die Dinge aufgrund mancher ihrer Merkmale auch komplizierter. Liebe kann Sie blind machen. Sie können sich in jemanden verlieben, der garstig, gemein, überheblich oder noch Schlimmeres ist. Das Wissen, dass Liebe allein nicht genügt, ist wichtig. Sie müssen auch einen klaren Kopf haben, wenn Sie sich einlassen, und Liebe hüllt ihre Opfer manchmal in einen dichten Nebel ein.

11 Halten Sie inne und überlegen Sie: Könnte Liebe Sie blind machen?

Es gibt eine Art von Liebe, die die Franzosen le coup de foudre nennen, was wörtlich »Blitzschlag« heißt und »Liebe auf den ersten Blick« bedeutet. Aber Liebe kann auch langsam und stetig wachsen. Und sicherlich können Paare, die in einer arrangierten Ehe leben, eine sehr tiefe Liebe zueinander entwickeln.

Der Begriff »Liebe« hat für verschiedene Menschen viele unterschiedliche Bedeutungen. Liebe ist eine Emotion, die sich im Lauf der Zeit entwickelt, manchmal auch von einem Tag auf den anderen Tag. Die Beatles sangen einst: »Love has a nasty habit of disappearing overnight« (Liebe hat die fiese Angewohnheit, über Nacht zu verschwinden), und das kann ebenso wahr werden wie immerwährende Liebe. Obwohl Liebe natürlich ein starker Anziehungsfaktor ist, ist sie nicht unbedingt ein klarer Indikator dafür, dass zwei Menschen zusammengehören oder ein Leben lang miteinander glücklich sein werden. Liebe kann Sie blind machen, sodass Sie fest glauben, der Mensch, mit dem Sie zusammen sind, sei perfekt – aber eines Tages kann etwas die Seifenblase der Verliebtheit platzen lassen, und dann werden Sie entdecken, dass diese Person die letzte ist, mit der Sie den Rest Ihres Lebens verbringen möchten.

Jetzt sind wir beim Kern des Problems angekommen: Wie sorgen Sie dafür, dass der Mensch, den Sie lieben, der Richtige für Sie ist?

Offenkundig können Sie niemals hundertprozentig sicher sein, weil Veränderung unvermeidlich zum Leben gehört. Um ein häufiges Beispiel anzuführen: Es kann sein, dass zwei Menschen in einer anscheinend glücklichen Beziehung leben, der Hauptverdiener dann seine Arbeit verliert und die finanziellen Schwierigkeiten, die daraus folgen, einen mächtigen Keil zwischen die beiden treiben. Und das ist nur eine von zig Komplikationen, die einer Beziehung zum Verhängnis werden können. Lösen wir uns also von dem Ziel, hundertprozentige Sicherheit zu erreichen.

Für viele Menschen ist genau das ein wichtiger erster Schritt. Manche machen sich so viele Sorgen über die ferne Zukunft, dass sie von all den »Was wäre wenn«-Fragen völlig gelähmt sind. Sie wissen beispielsweise, dass Ihr Partner einen alkoholkranken Onkel hatte, und machen sich deswegen Sorgen. »Und wenn er jetzt auch einer wird?« Wenn er gerade nicht im Übermaß dem Alkohol zuspricht, ist die Sorge töricht und kann Sie davon abhalten, sich wirklich einzulassen.

Wenn es Alkoholismus in der Familie Ihres Partners gibt und er dazu neigt, zu viel zu trinken, sieht die Sache ganz anders aus. Blenden Sie tatsächliche Risiken nicht aus. Ignorieren

Sie aber diejenigen, bei denen das Befürchtete mit so geringer Wahrscheinlichkeit eintritt, dass es Sie nur davon abhält, die beste Wahl zu treffen.

Halten Sie inne und überlegen Sie:
Welche Annahmen haben Sie über Ihren Partner oder Ihre Partnerin, die vielleicht nicht zutreffen?

Lassen Sie mich an dieser Stelle etwas über emotionale Reaktionen sagen. Sie können emotionale Reaktionen nicht verhindern. Angenommen, Ihre Partnerin stellt einen neuen Mitarbeiter ein, der früher einmal Model war, und Sie waren in Bezug auf Ihr Aussehen nie besonders selbstsicher. Sie gehen im Büro vorbei, lernen ihn kennen und empfinden Eifersucht, obwohl Sie, soweit Sie wissen, keinen Grund dazu haben. Können Sie verhindern, dass Sie in diesem Augenblick Eifersucht empfinden? Nein. Aber für Ihre Beziehung ist entscheidend, was als Nächstes geschieht.

Wenn Sie zulassen, dass eine negative Emotion wie Eifersucht im Untergrund schwelt, wird sie Ihrer Beziehung schaden. Da Sie das Auftauchen solcher Emotionen nicht unterbinden können, müssen Sie die Fertigkeit erwerben, sie abzuwenden, sodass sie harmlos werden. Wenn Sie Eifersucht verspüren, denken Sie an einen besonders schönen Moment mit Ihrer Partnerin oder Ihrem Partner zurück, vielleicht an die Flitterwochen. Verdrängen Sie die Eifersuchtsgefühle aus Ihrem Kopf, indem Sie sie durch schöne Erinnerungen an gute Zeiten ersetzen. Dadurch werden negative Emotionen geschwächt und können erheblich weniger Schaden anrichten. Wenn Sie diese Gefühle erfolgreich beiseiteschieben können, sobald Sie sie wahrnehmen, wird Ihr Gehirn nach einer Weile keine Eifersuchtsbotschaft mehr schicken.

Dr. Ruth Westheimer

@AskDrRuth

Sie können Emotionen nicht kontrollieren,
aber Sie können kontrollieren,
wie stark ihre Wirkung auf Sie ist.

Ich bewahre eine Schublade voller Briefe auf, die mich glücklich gemacht haben, als ich sie erhielt. Wenn ich traurig bin, greife ich in diese Schublade und lese ein paar davon, das hebt meine Stimmung. Hier ist noch eine Möglichkeit, über einige Ihrer Lieblingsmomente mit Ihrem Partner oder Ihrer Partnerin nachzudenken: Überlegen Sie, ob Sie nicht ein Notizbuch anlegen wollen, in dem Sie einige der guten Momente aufschreiben, die Sie gemeinsam erlebt haben. Wenn Sie dann etwas brauchen, das Sie aufmuntert oder von negativen Gedanken ablenkt, können Sie nach diesem Notizbuch greifen.

Einige emotionale Reaktionen sind jedoch unerlässlich. Wenn beispielsweise jemand stirbt, für den Sie eine tiefe Zuneigung hegen, müssen Sie trauern. Sie müssen sich erlauben, das Gefühl der Traurigkeit zu empfinden. Es gibt dafür keine festgelegte Zeitspanne – was richtig ist, variiert mit den Umständen. Jeder Versuch, selektiv bestimmte Emotionen zu blockieren, kann sehr schädlich sein. Um erfolgreich eine Emotion in einen Winkel Ihres Gehirns zu verbannen, bleibt Ihnen nichts anderes übrig, als Ihr Gehirn gegenüber allen Emotionen zu verschließen. Wenn Sie sich nicht erlauben, beim Tod eines geliebten Menschen traurig zu sein, werden Sie sich am Ende auch nicht mehr erlauben, Liebe zu empfinden. Ich möchte noch einmal wiederholen: Sie müssen Emotionen abwenden, die eindeutig negativ sind, wie etwa unbegründete Eifersucht, damit sie keinen Schaden anrichten. Der Trick dabei ist, nur diese destruktiven negativen Gefühle abzuwenden, statt sich gegen alle Ihre Emotionen abzuschotten.

Halten Sie inne und überlegen Sie:
Blockieren Sie alle Ihre Emotionen, weil Sie versuchen, sich gegen eine davon zu schützen?

Sie brauchen ein Auswahlverfahren, damit Sie unterscheiden können, welche Sorgen Ihre Aufmerksamkeit verdienen und welche nicht. Um zu meinem früheren Beispiel zurückzukehren: Wenn Sie sich Sorgen über ein mögliches Alkoholproblem Ihres Partners machen, dann sollten Sie sie nicht einfach wegschieben. Zuerst sollten Sie sich das Risiko nüchtern anschauen und zu einer Entscheidung gelangen. Besteht eine echte Gefahr oder nicht? Wenn Sie zu dem Schluss kommen, es bestehe keine Gefahr, dann zwingen Sie sich jedes Mal, wenn Sie wieder anfangen, sich darüber Sorgen zu machen, an etwas anderes zu denken. Versuchen Sie nicht, diese Sorgen daran zu hindern, überhaupt aufzutauchen, denn das können Sie nicht. Je mehr Sie es versuchen, desto wahrscheinlicher kommen Ihnen solche Gedanken in den Sinn. Wenn sich diese Sorgen wieder einmal melden, dann sagen Sie sich vielmehr, dass sie unsinnig sind, weil Sie ihn noch nie betrunken gesehen haben. Nach einiger Zeit wird diese spezielle Sorge aufhören, Ihnen Probleme zu machen.

Dr. Ruth Westheimer

@AskDrRuth

Sie können Ihr Gehirn dazu trainieren, negatives Denken abzuwehren, aber das geht nur, wenn Sie sich ganz bewusst darum bemühen.

Wenn Ihr Partner sich hin und wieder betrinkt, wird die Entscheidung, ob dieses potenzielle Problem gewichtig genug für eine Trennung ist, komplizierter. Aber wenn solche Entscheidungen nicht manchmal kompliziert wären, würden Sie dieses Buch nicht lesen.

Ich muss zugeben, dass ich ein Mensch bin, der an das Bauchgefühl glaubt. Ihr »Bauch« kann Ihnen viel früher Signale senden als Ihr Kopf. Sie empfinden vielleicht aus guten Gründen Eifersucht, auch wenn diese Gründe im Augenblick nicht deutlich sichtbar sind. In Ihrem Kopf schwirren vielleicht mehrere Teile eines Puzzles herum, das Ihr Bewusstsein nicht zusammensetzen kann, obwohl Ihr Unbewusstes die Aufgabe bereits gelöst hat. Sie haben möglicherweise ein verführerisches Verhalten beobachtet, und Ihr Schatz kam mehrmals abends sehr spät nach Hause, ohne das überzeugend erklären zu können, in Ihren Augen hat er erkennbar geflunkert. Diese Kombination kann darauf hinweisen, dass Sie tatsächlich Grund zur Eifersucht haben. Sie müssen auf Ihren Bauch vertrauen, aber Sie sollten ihm nicht so sehr vertrauen, dass Sie eine übereilte Entscheidung treffen. Nutzen Sie die Bauchgefühle, um Ihr Bewusstsein zu schärfen, und beginnen Sie irgendwann eine aufrichtige Diskussion oder, noch besser, eine Reihe von Diskussionen zum Thema.

Weiter vorn habe ich die Angst vor dem Scheitern erwähnt. Und gerade habe ich einige Probleme besprochen, die Sie dazu bringen könnten, sich zu trennen. Vielleicht zögern Sie noch, weil diese verbreitete Angst vor dem Scheitern mit Ihrem Ego und Ihrem Selbstwertgefühl verknüpft ist. Ich schlage vor, dass Sie sich an dem Gedanken orientieren, dass eine Beziehung zwei Menschen erfordert. Eine gescheiterte Beziehung bedeutet nicht, dass Sie gescheitert sind, selbst wenn Sie der verantwortliche Teil sind. Sie beide sind vielleicht einfach nicht die Richtigen füreinander. Am Ende kann das Festhalten an einer schlechten Beziehung ein viel größeres Scheitern bedeuten als das Loslassen.

Erlauben Sie mir, an dieser Stelle etwas zu sagen, was ich immer wieder sagen werde: Wenn Sie nicht bereit sind, eine Beziehung aufzugeben, und spüren, dass Sie sie nicht allein retten können, dann holen Sie sich professionelle Hilfe.

EINE LEKTION ZUM THEMA »ZUSAMMENPASSEN«

Sie kennen doch diese Tests zum Thema »Wer passt zu wem?«, die man regelmäßig in Illustrierten sieht, oder? Ich habe nichts dagegen, sie zu lesen oder sie sogar zu machen. Aber dann ist Schluss: An die Ergebnisse und die Analysen glauben darf man nicht. Bitte beachten Sie, was ich jetzt sage: In meine Praxis sind schon Paare gekommen, bei denen ich bereits wusste, dass ihre Situation hoffnungslos war, ehe einer von beiden überhaupt den Mund aufgemacht hatte. Ihre Körpersprache erzählte mir schon die ganze Geschichte. Ein Test in einer Illustrierten aber bezieht die Körpersprache und viele andere Faktoren gar nicht mit ein.

Warum rate ich Ihnen dann nicht, diese Kompatibilitätstests zu meiden wie die Pest? Ganz einfach: Sie können Ihnen zu einer Bewusstheit verhelfen, die Sie brauchen, um die Richtung zu ändern. Ich sage nicht, Sie müssten auf den Ausgang zusteuern; schauen Sie sich einfach um und nehmen Sie wahr, in welche Richtung Ihr Schiff unterwegs ist.

Dr. Ruth Westheimer

@AskDrRuth

Ein Beziehungstest beweist vielleicht überhaupt nichts, kann Sie aber auf den Weg bringen, auf dem Sie die Wahrheit herausfinden.

Zu einer Eheberatung zu gehen oder eine Paartherapie zu machen, kann entscheidend für die Rettung einer Beziehung sein. Deshalb gratuliere ich Menschen regelmäßig, wenn sie Schritte in diese Richtung machen. Den Therapeuten oder die Therapeutin zu wählen, einen Termin zu vereinbaren und dann tatsächlich in der Praxis zu erscheinen, das sind nicht immer leichte Aufgaben. Aber all das ist überhaupt erst möglich, wenn Sie erkannt haben, dass Ihr Problem therapeutischen Beistand gut vertragen könnte. Vielleicht wird der Griff zum Illustrierten-Test eine Kettenreaktion auslösen, die Ihre Beziehung entweder retten oder ihr Ende bedeuten kann. Machen Sie sich lediglich klar, dass der Test nur ein erster, winziger Schritt ist.

Halten Sie inne und überlegen Sie:
Könnte eine Paartherapie eine Hilfe für Ihre Beziehung sein?

Keine Beziehung ist perfekt. Es wird Meinungsverschiedenheiten geben. Die Frage ist, ob diese Meinungsverschiedenheiten zu einem Problem werden. Und wenn ja, stellt dieses Problem dann eine so ernsthafte Gefahr für Ihre Beziehung dar, dass Sie aktiv werden müssen? Der einzige Weg, die Antwort darauf zu finden, besteht darin, Ihre Situation zu analysieren.

Zusammenpassen bedeutet nicht, dass Sie in jeder Hinsicht harmonieren. Das ist einfach nicht möglich. Die Persönlichkeit eines jeden von Ihnen hat so viele Facetten, dass es äußerst unwahrscheinlich ist, dass jeder seine perfekte Entsprechung im anderen findet. Manche Persönlichkeitszüge haben so viel Gewicht, dass eine Beziehung wegen ihnen mit der Zeit in die

Brüche gehen könnte. Ja, manche Nachteulen können Lerchen heiraten und trotzdem noch genügend Zeit finden, sich zu begegnen, und Ehen mit einem wesentlich älteren Partner können sehr erfolgreich sein. Aber zu große Unterschiede können jeden Tag auch zu einem aufreibenden Kampf werden lassen. Wenn Ihr gemeinsamer Weg ab und zu steinige Abschnitte hat, dann ist das in Ordnung, aber wenn es sich immer so anfühlt, als würden Sie mit einer Kutsche über Kopfsteinpflaster rumpeln, dann ist die Wahrscheinlichkeit ziemlich hoch, dass mal ein Rad abfällt.

Wenn Sie einzuschätzen versuchen, ob Sie beide zusammenpassen, sollten Sie eher eine Note anstreben, mit der Sie durchkommen, und nicht eine Eins mit Stern. Diese Note beruht nicht auf einer wissenschaftlichen Studie, sondern auf Ihren persönlichen Gefühlen und Ihrer Bereitschaft, Kompromisse zu schließen.

Ein Stück weit ist jede Beziehung wie eine Perle. Eine Auster kann keine Perle bilden, ohne dass ein Sandkorn in ihr Inneres gelangt und sie irritiert. Wenn Ihr Partner so fad ist, dass er nie dafür sorgt, dass Ihre Emotionen wenigstens ein bisschen hochgehen, dann kann Ihre Beziehung von außen betrachtet perfekt aussehen, aber so langweilig sein, dass Sie verrückt werden. Dass Sie nicht streiten oder sich kabbeln, heißt noch lange nicht, dass Sie eine gesunde Beziehung führen. Ich trete hier wohlgemerkt nicht für das Streiten ein, aber ich warne Sie eindringlich vor der Langeweile, und zwar nicht nur im Schlafzimmer. Aus meiner Perspektive bedeutet Zusammenpassen nicht eine konfliktfreie Beziehung, sondern vielmehr eine Beziehung, die quicklebendig ist. Dazu gehört gelegentlich ein Konflikt oder auch nicht.

Halten Sie inne und überlegen Sie:
Langweilt Sie Ihre Beziehung?

Die Antwort auf diese Frage finden Sie unter anderem dadurch, dass Sie sich Ihren Wunsch anschauen, mit Ihrem Partner oder Ihrer Partnerin zusammen zu sein. Wenn Sie feststellen, dass Sie sich Mühe geben, möglichst überall sonst zu sein, bloß nicht dort, wo er oder sie ist, dann haben Sie eindeutig ein echtes Problem. Entweder haben Sie dann einen langweiligen Menschen an Ihrer Seite oder es geht um etwas völlig anderes. Aber wenn Sie wenig Lust darauf haben, Zeit mit Ihrem Partner zu verbringen, dann sollten Sie Ihre Situation gründlich unter die Lupe nehmen.

Halten Sie inne und überlegen Sie:
Was möchten Sie lieber – mit Ihrem Partner zusammen sein oder überall dort sein, wo er nicht ist?

Beim Thema Langeweile müssen Sie auch sich selbst an der Nase fassen. Wenn Sie am Tag zehn Stunden mit Arbeit und Arbeitsweg zubringen, haben Sie beim Heimkommen wahrscheinlich keine Lust mehr, Salsa tanzen zu gehen. Aber wenn es Ihre Lieblingsbeschäftigung ist, vor dem Fernseher abzuhängen, dann fragen Sie sich mal, warum Ihre Partnerin Lust haben sollte, den Abend mit Ihnen zu verbringen. Ab und zu mal zu faulenzen, um seine Batterie wieder aufzuladen, ist in Ordnung. Aber wenn Sie jede freie Minute mit hirnlosen Aktivitäten verbringen, dürfen Sie sich nicht wundern, wenn Ihre Partnerin die Beziehung mit Ihnen bald leid ist.

Dr. Ruth Westheimer

@AskDrRuth

Herumhängen schwächt Beziehungen.

Das Wichtigste bei der Frage, ob zwei zusammenpassen, ist: Die Beziehung kann von beiden Seiten flexibel gestaltet und verändert werden. Aber nur, wenn Sie einander Ihre Wünsche offenbaren. Ich sage immer, dass ein Mann nicht wissen kann, was eine Frau braucht, um einen Orgasmus zu bekommen. Er könnte verschiedene Möglichkeiten ausprobieren, sie zu stimulieren, aber dennoch kein Glück haben, was dann nicht sein Fehler wäre, weil sie vielleicht eine ganz bestimmte Art von Stimulation braucht. Sie muss ihm mitteilen, was sie braucht, um einen Orgasmus zu erreichen. (Nun habe ich zwar nichts gegen gelegentliches Vortäuschen, aber wenn eine Frau die ganze Zeit so tut als ob, dann geschieht ihr der Mangel an sexueller Befriedigung auch recht.) Aber Sie reagieren auf Ihren Partner noch in vielfacher anderer Hinsicht, nicht nur in sexueller. Und was für den Sex gilt, gilt auch für alles andere, was Sie zusammen tun. Wenn Sie unglücklich darüber sind, wie Sie beide Ihre Freizeit verbringen, dann machen Sie den Mund auf! Wenn Ihr Partner nicht zu Kompromissen bereit ist, passen Sie vielleicht nicht zusammen. Wenn Sie nichts sagen, wird Ihr Partner annehmen, dass alles in Ordnung ist. Wenn Sie beurteilen wollen, wie gut Sie zusammenpassen, müssen Sie auch selbst Verantwortung übernehmen.

Halten Sie inne und überlegen Sie:
Machen Sie den Mund auf und sagen Ihrem Partner oder Ihrer Partnerin, was Sie mögen und was Sie nicht mögen?

Kehren wir noch einmal zur hinderlichen Vorstellung von Seelenpartnerschaft zurück. Manche Menschen glauben Folgendes: Wenn ihr Partner sie wirklich lieben würde, wüsste er instinktiv, wie er sie in jeder Hinsicht glücklich machen könnte. Zum Beispiel würden Sie gern am Freitagabend in ein romantisches italienisches Restaurant gehen, und folglich sollte er Ihnen diesen Wunsch von den Augen ablesen können. Zugegeben: Manche Menschen können außerordentlich gut erspüren, was in anderen vorgeht, aber die meisten haben keine Ahnung davon. Dass Ihr Partner nicht Ihre Gedanken lesen kann, heißt nicht, dass er ein schrecklicher Mensch ist oder nicht zu Ihnen passt.

Wenn Sie der Meinung sind, dass Ihr Partner Ihre Wünsche absichtlich ignoriert, weil er als Ihr Seelenpartner ja schließlich »wissen« sollte, wie Sie sich fühlen, ist das Unsinn. Sie müssen Ihre Wünsche proaktiv kommunizieren. Manchmal genügt eine Andeutung und manchmal müssen Sie Ihrem Gegenüber einen Wink mit dem Zaunpfahl geben, damit es begreift, was Sie möchten. Solange Sie nicht den Mund aufmachen und Ihr Partner oder Ihre Partnerin Ihren Wunsch nicht ausdrücklich ablehnt, dürfen Sie niemals behaupten, Ihre Bedürfnisse würden übergangen.

Ein weiterer Bereich, in dem oft ungute Gefühle entstehen, ist das Schenken. Angenommen, Sie wünschen sich zum Geburtstag etwas ganz Bestimmtes, sagen das aber Ihrer Partnerin nicht: Wie können Sie dann enttäuscht sein, wenn Sie etwas anderes bekommen? Wenn Sie sowohl eine Überraschung als auch ein ganz bestimmtes Geschenk erwarten, dann stellen Sie sowohl Ihrer Partnerin als auch sich selbst eine Falle, die sich kaum umgehen lässt: Sie wird zwangsläufig scheitern und Sie werden enttäuscht sein. Wenn Sie entscheiden, ob Sie an einer Beziehung festhalten, ist es unfair, Ihr Gegenüber an unerreichbaren Zielen zu messen.

Halten Sie inne und überlegen Sie:
Stellen Sie es manchmal so an, dass es fast zwangsläufig scheitern muss?

Der nächste wichtige Punkt ist, dass Sie wissen müssen, was Sie wollen. Wenn Sie beispielsweise das Gefühl haben, dass Ihr Arbeitsleben Ihre kreativen Kräfte erstickt und Sie unbedingt ein paar Stunden dem Malen widmen müssen, dann suchen Sie sich einen Weg, dafür Platz zu finden. Falls Ihnen nicht Ihr Partner Modell steht, ist Malen eine einsame Tätigkeit, also müssen Sie diese Zeit für sich selbst gut planen und gleichzeitig sicherstellen, dass Sie sich zum Ausgleich Zeit für eine andere Unternehmung mit Ihrem Partner nehmen. Der Besuch von Museen und Kunstgalerien könnte etwas sein, das Sie zusammen tun können und das einen Bezug zu Ihrer Leidenschaft für Malerei hat.

An dieser Stelle spielt die Kompatibilität eine Rolle. Wenn Sie in ein Museum gehen möchten und Ihre Partnerin sich weigert, obwohl sie weiß, wie viel Ihnen das bedeutet, dann haben Sie vielleicht ein Problem. Man sollte meinen, dass es Raum für einen Kompromiss gibt: An einem Tag gehen Sie ins Museum, an einem anderen in den Jazz-Club (oder tun, was immer Ihrer Partnerin wichtig ist). Wenn sie sich in einer solchen Situation weigert, sich auf einen Kompromiss einzulassen, und das ist ein neuer Eintrag in eine lange Liste weiterer Beispiele, dann sollten Sie Ihre Beziehung unter die Lupe nehmen.

Halten Sie inne und überlegen Sie: Schließen Sie beide Kompromisse oder tun das nur Sie?

An dieser Stelle fragen Sie sich vielleicht, wie Sie herausfinden können, ob Sie nur dickköpfig sind und unvernünftige Forderungen stellen. Innenschau und Objektivität können sich schwierig gestalten. Ich habe schon Topmodels sagen hören, dass sie sich im Spiegel anschauen und »Igitt!« denken. Sie müssen Ihre Gedanken und Handlungen ebenso überprüfen wie die Ihres Partners. Wenn sich eine Trennung abzeichnet, dann sorgen Sie dafür, dass Sie wissen, wie viel Sie selbst zu dieser Trennung beigetragen haben, damit Ihre nächste Beziehung auf festerem Boden steht. Eine Beziehung geht selten nur aufgrund des Verhaltens der einen Hälfte des Paares schief. Ja, einer von beiden kann den größeren Anteil der Schuld haben, aber meist gibt es so viel Schuldhaftes, dass es für beide reicht.

Wenn Ihr Partner Alkoholiker oder drogenabhängig ist, zu Gewalt neigt oder psychotisch ist, trifft dieser Satz vielleicht nicht zu. Sie haben sich möglicherweise jahrelang über alle Maßen bemüht, aber am Ende hat sich nie etwas geändert, weil Ihr Partner nicht die Selbstdisziplin hatte, irgendetwas zu verbessern. In solchen Beziehungen findet man schwer Harmonie, obwohl Sie anfangs irgendetwas zueinander hingezogen hat.

Halten Sie nicht aus Mitleid an einer Beziehung fest. Wenn Sie entdecken, dass Ihr Partner Alkoholiker ist, ist das traurig, aber diese Entdeckung bedeutet nicht, dass Sie ein Paar bleiben müssen. Sie können eine Behandlung vorschlagen, aber wenn er das ablehnt, dann ist das in meinen Augen so gut wie die Monopoly-Karte »Du kommst aus dem Gefängnis frei«.

Halten Sie inne und überlegen Sie:
Halten Sie aus Mitleid mit Ihrem Partner oder Ihrer Partnerin an der Beziehung fest?

Allerdings gibt es auch so etwas wie Nachsicht. Sie stellen fest – entweder ehe Sie sich zu einem Paar zusammengetan haben oder danach –, dass Ihr Gegenüber einen schwerwiegenden Fehler hat, vielleicht auch zwei. Manche Menschen laufen beim ersten Anzeichen eines Problems gleich davon. Sie sind nicht bereit, das Problem mal beiseitezuschieben und zu schauen, ob es jenseits davon Qualitäten gibt, die dennoch dafür sorgen, dass diese Beziehung erstrebenswert ist. Manchmal lohnt es sich, Mitgefühl aufzubringen. Manche Beziehungen erfordern größere Mühe. Wenn Sie auf die tieferen Eigenschaften dieser anscheinend so unvollkommenen Person schauen, kann das eine große Bereicherung für Sie sein.

Lassen Sie mich kurz etwas erzählen: Ich habe am Brooklyn College über menschliche Sexualität gelehrt und einer meiner Kurse richtete sich speziell an Menschen mit Behinderungen. Anschließend sagte ich, das würde ich nie mehr machen. Warum? Ich habe bei diesem Kurs so viel gelernt, dass ich das Gewonnene mit allen Studierenden teilen und Menschen mit und ohne Behinderung im gleichen Kurs mischen wollte.

Halten Sie inne und überlegen Sie:
Haben Sie gründlich genug überprüft, wie Ihre Beziehung unter der Oberfläche aussieht?

Wenn Sie zufällig eine Beziehung mit jemandem eingehen, der ein paar Unvollkommenheiten aufweist, schauen Sie unter die Oberfläche, ehe Sie sich aus dem Staub machen. Dann stoßen Sie vielleicht auf Wesenszüge, für die es sich lohnt, die Beziehung aufrechtzuerhalten.

Manche verwechseln Kompatibilität auch mit Liebe oder Lust. Sie können heftig in die falsche Person verliebt sein und Sie können jemanden äußerst erregend finden, den Sie niemals als Partner haben sollten. Doch wie können Sie dann entscheiden, was eigentlich Sache ist? In den frühen Stadien einer Beziehung kann man das nicht immer feststellen, aber wenn sie sich weiterentwickelt, wird es häufig einfacher. Meist büßen Lust und Liebe nach einer Weile etwas von ihrem Glanz ein. Diese Gefühle werden zwar nicht unbedingt schwächer, aber sie machen Sie weniger blind. Und wenn es bei Ihnen beiden Punkte gibt, in denen Sie nicht gut zusammenpassen, dann treten diese deutlicher zutage, wenn Sie längere Zeit zusammen sind, und Sie müssen ihnen mehr Aufmerksamkeit schenken.

Dr. Ruth Westheimer

@AskDrRuth

Wenn Lust und Liebe ein wenig zu verblassen beginnen, sollten Sie das als einen Wink verstehen, Ihre Beziehung unter die Lupe zu nehmen.

Ich möchte Sie nicht in einen Roboter verwandeln, der keine Gefühle hat und seine Entscheidungen allein aufgrund von Fakten trifft. Ganz im Gegenteil sollten Lust und Liebe eine wichtige Rolle bei Ihrer Partnerwahl spielen. Aber diese Empfindungen können die klaren Linien verwischen, wenn es um die Frage des Zusammenpassens geht. Wie kann es sein, dass Sie nicht zu jemandem passen, den Sie lieben? Das klingt widersinnig, nicht wahr? Aber nur, bis Sie näher hinschauen.

Hier ein Beispiel, das Ihnen klarmacht, warum ich sage, Liebe allein sei kein Beweis für Kompatibilität. Sie können in jemanden verliebt sein, der diese Liebe nicht erwidert. In dieser Situation sind Sie beide eindeutig inkompatibel. Sie sind auch kein Paar, sondern in einer Einbahnstraße in der falschen Richtung unterwegs, was nur zu einem Zusammenstoß führen kann. Dieses Beispiel ist extrem, aber wenn Ihnen das noch nie selbst passiert ist, dann kennen Sie fast sicher andere Menschen, die schon mal in einer solchen Situation waren – wahnsinnig verliebt in jemanden, der ihnen keinerlei Beachtung schenkt. Das ist zum Erbarmen, aber man kann der Person, die Zielscheibe dieser Zuneigung ist, keinen Vorwurf machen. Sie hat eben selbst keine solchen Gefühle, die sie Ihnen entgegenbringen könnte, und das ist völlig in Ordnung.

Heute haben manche auch Sex mit Freunden – »Freundschaft plus« –, also ist die Lust da, zumindest so viel, dass beide Freude am gemeinsamen Sex haben. Aber sie passen nicht gut genug zusammen, um eine Beziehung zu haben, sonst würden sie ein Paar werden.

Häufig ist es auch so, dass zwei Menschen sehr gute Freunde sind, aber es funkt nicht zwischen ihnen, also bleiben sie Freunde und werden nie ein Paar. In dieser Situation und auch bei der Freundschaft plus ist manchmal ein Teil in den anderen verliebt, aber die Liebe ist unerwidert, bleibt also eine Einbahnstraße. So etwas finde ich sehr traurig. Warum? Weil die verliebte Person eine Menge Zeit, manchmal sogar Jahre, in der Hoffnung verschwenden wird, dass das geliebte Gegenüber vielleicht eines Tages anders empfindet. Statt für einen echten Partner oder eine Partnerin verfügbar zu sein, bleibt diese Person an ihrem »Freund« oder ihrer »Freundin« kleben.

Dr. Ruth Westheimer

@AskDrRuth

Lust und Liebe reichen nicht aus, um Sie beide kompatibel zu machen.

Diese Art von Beziehung, bei der zwei Menschen viel Zeit miteinander verbringen, sich aber nie ineinander verlieben, verweist auf eine Dichotomie. Hier haben wir zwei Menschen, zwei Freunde, die offensichtlich gut zusammenpassen. Wenn keiner von beiden einen Liebespartner hat, verbringen sie vielleicht viele Stunden gemeinsam mit Unternehmungen, die ihnen sehr viel Spaß machen, und haben daran ebenso viel Freude wie ein Liebespaar. Da jedoch zumindest einer von beiden keine emotionale Bindung an den anderen hat, weil es nicht funkt, wird aus der Beziehung eben keine Liebesbeziehung.

Wenn Sie Teil eines solchen »Nicht-Paares« sind, müssen Sie ernsthaft darüber nachdenken, ob Sie nicht »Schluss machen« oder wenigstens eine Atempause einlegen wollen. Solange Sie sich auf diesen Freund oder diese Freundin stützen, werden Sie nie einen echten Liebespartner finden, besonders wenn Sie eine starke Gefühlsbindung an diesen Menschen haben. Ich will damit nicht sagen, dass Sie nicht Freunde bleiben und sich gelegentlich sehen können, aber wenn Sie nicht leicht zugänglich sind, weil Sie immer weiter mit Ihrem Freund oder Ihrer Freundin zusammen sind, werden Sie einfach keinen Liebespartner finden.

Das Rezept für eine gute Beziehung ist wie das für einen Auflauf. Man braucht mehrere Zutaten – Liebe, Lust und Übereinstimmung –, die miteinander gemischt und bei der richtigen Temperatur gebacken werden. Zwei Menschen, die – zumindest auf manchen Ebenen – inkompatibel sind, können immer noch eine dauerhafte und starke Beziehung entwickeln, wenn sie genügend Lust und Liebe empfinden, die sie zusammenhalten.

Und wenn die Lust vollkommen verschwunden ist und Sie mit Ihrem Partner keinen Sex mehr haben wollen? Das kann ein Hinweis auf ein schwerwiegendes Beziehungsproblem oder falscher Alarm sein. Frauen brauchen eine gewisse Zeit, um erregt zu werden. Ein Mann kann innerhalb von Sekunden eine Erektion bekommen, aber so blitzartig schnell geht es bei Frauen eher selten. Wenn eine Frau nach einem anstrengenden Arbeitstag, an dem sie keine Sekunde Zeit für romantische Gefühle hatte, abends hastig mit ihrem Partner zu Abend isst und danach, vor dem Zubettgehen noch zehn berufliche E-Mails verschickt, wird sie an seinen sexuellen Annäherungsversuchen keinerlei Interesse zeigen. Sie hatte einfach nicht genug Zeit, Erregung aufzubauen. Wie unterscheiden Sie also zwischen einem den Umständen geschuldeten Mangel an Begehren und einem, der speziell mit Ihrem Partner zu tun hat?

Als Erstes sage ich einer Frau in einer solchen Situation, dass es ab und zu ganz gut ist, auch dann Sex zu haben, wenn ihr nicht danach ist. Es gibt ein Sprichwort, das sich auf das Essen bezieht: Der Appetit kommt beim Essen. Dasselbe kann auch für Sex gelten. Vielleicht hatten Sie zuerst keine Lust darauf, aber nach einem etwas längeren Vorspiel werden Sie doch erregt und haben am Ende einen fabelhaften Orgasmus. Wenn es so läuft, war Ihr anfänglicher Mangel an Appetit wahrscheinlich durch die Umstände bedingt. Aber wenn Sie niemals Sex haben wollen, nicht einmal an einem ruhigen Abend am Wochenende, und der Gedanke an Sex mit Ihrem Partner keinen Reiz für Sie hat oder Sie womöglich sogar abstößt, dann haben Sie ein ernsthaftes Problem.

> **Halten Sie inne und überlegen Sie:** Wenn Ihr Sexualleben zum Erliegen gekommen ist, liegt das an den Umständen oder an Ihrem Partner beziehungsweise Ihrer Partnerin?

Eine weitere wichtige Komponente ist Vertrauen. In den meisten Beziehungen ist Vertrauen kein Problem – bis es dann ein Problem wird. Am Anfang einer Beziehung, wenn sie noch heiß und stürmisch ist, denken Sie natürlich: Wenn Sie immer zusammen wären, gäbe es gar keinen Platz für Betrug. Doch nach einer Weile wird der Partner jeden Hinweis auf einen möglichen Betrug wahrnehmen. Und wenn kein Vertrauen mehr da ist, wird das wahrscheinlich das Ende der Beziehung bedeuten.

Manchmal stellt sich die Frage nach der Verlässlichkeit auch ohne Anzeichen für einen Vertrauensbruch. Wenn mehrere von ihren engsten Freundinnen eine Beziehung beendet haben, weil ihr Partner sie betrogen hat, reagieren Sie vielleicht übermäßig hellhörig auf jedes Anzeichen von Betrug und werden sehr misstrauisch. Kommt Ihr Partner ein paarmal sehr spät von der Arbeit nach Hause, was Sie vorher ignoriert hätten, kann Ihnen das jetzt verdächtig vorkommen.

Wie ich schon sagte, ist es wichtig, dass Sie auf Ihr Bauchgefühl hören. Wenn Sie denken, Ihr Partner betrüge Sie, dann unternehmen Sie etwas dagegen. Bringen Sie das Thema in einer ruhigen Minute zumindest zur Sprache. Bedenken Sie, dass Ihr Gehirn sensibel auf äußere Einflüsse reagiert. Vielleicht haben Sie keine Flugangst, aber wenn am Tag vor einem geplanten Flug ein Flugzeug abstürzt, sind Sie wahrscheinlich vor der Reise angespannter als sonst. Was Ihre Freundinnen mit ihren untreuen Partnern erlebt haben, wird auch Sie beeinflussen, machen Sie sich das bewusst. Wenn Sie auf einmal unbegründete Eifersucht an den Tag legen, kann die Beziehung einen Riss bekommen, für den es ursprünglich keinen Grund gab. Daher ist Vertrauen ein wesentliches Element in jeder Beziehung, das im Idealfall beide Beteiligten irgendwo tief in ihrer Seele ruhen lassen können.

Halten Sie inne und überlegen Sie:
Vertrauen Sie Ihrem Partner oder Ihrer Partnerin vorbehaltlos und wenn nicht, was könnten die Gründe dafür sein?

Beziehungen sind nichts Unveränderliches. Zwei Menschen können zu einer bestimmten Zeit in ihrem Leben hervorragend zusammenpassen und zu einem späteren Zeitpunkt nicht mehr. Und die wichtigsten Faktoren in einer Beziehung – Liebe, Lust, Vertrauen und Harmonie – können ebenfalls stärker oder schwächer werden. Was Sie anfangs, als Ihre Liebe noch himmelstürmend war, als liebenswerte Marotte Ihres Partners angesehen haben, kann zu einem massiven Ärgernis werden, wenn Ihre Liebe auch nur das kleinste bisschen nachgelassen hat. Dann kann diese Marotte jedes Mal, wenn sie sich zeigt, Ihre Liebe noch weiter schwächen.

Alle Beziehungen verändern sich. Wenn Sie älter und reifer werden, muss Ihre Beziehung Schritt halten. Schauen Sie sich nur Ihren Geschmack für Musik an. Früher ließen Sie bestimmte Stücke die Ohren spitzen, wenn sie im Radio gespielt wurden. Würden dieselben Stücke heute auf Ihrer Playlist auftauchen, dann würden Sie schnell die Skip-Taste drücken? Wenn Sie und Ihr Partner schon zehn Jahre zusammen sind und Sie könnten eine Zeitsprung-Erfahrung wie in *Twilight Zone* machen, bei der Sie in eine Bar gehen und Ihrem Partner begegnen, als er zehn Jahre jünger war: Glauben Sie, Ihr Herz würde noch immer schneller schlagen oder würden Sie lieber einen Bogen um ihn machen? Vielleicht hätten Sie keine Lust, mit dieser jüngeren Version Ihres Partners eine Beziehung anzufangen, und der Grund wäre, dass Sie sich in diesen zehn Jahren verändert haben. Sie haben sich verändert, aber Ihr Gegenüber vielleicht nicht oder in eine andere Richtung. So erkennen Sie allmählich, warum Ihre Beziehung eventuell nicht so ist, dass Sie sie aufrechterhalten wollen.

Halten Sie inne und überlegen Sie:
Haben Sie und Ihr Partner oder Ihre Partnerin sich so verändert, dass Sie dadurch weniger gut zusammenpassen?

Manchmal gibt es keine äußerlich beobachtbare Veränderung, aber innerlich sieht es anders aus. Objektiv gesehen, scheint die Beziehung gut zu klappen, aber Sie sind nicht mehr mit dem Herzen dabei. Sie sehnen sich nach der freudigen Aufregung, die Ihr Partner früher in Ihnen ausgelöst hat, und verstehen nicht, warum sie verschwunden ist.

Vielleicht ist sie gar nicht verschwunden. Vielleicht wird sie nur von Ihrem geschäftigen Leben verdeckt. Dann sollten Sie bei sich selbst ein wenig tiefer graben. Erlauben Sie sich überhaupt Gefühle oder zwingt Sie Ihr Lebenstempo dazu, fortwährend die Luft anzuhalten?

Es kann aber auch sein wie in dem bekannten Lied »The thrill is gone«. Dann ist die nächste Frage, ob man den Zauber oder das Kribbeln im Bauch wieder zurückholen kann. Wenn Sie es ernsthaft versucht haben, aber die alte magische Anziehungskraft nicht wieder spüren können, ist vielleicht der Tag gekommen, an dem Sie diese Beziehung beenden sollten.

Sie stehen vor dieser Entscheidung? Sie haben eine Beziehung, in der einige der richtigen Zutaten vorhanden sind: Es gibt durchaus Liebe, ein wenig Lust und Sie passen auch halbwegs zusammen, und doch sind Sie sich nicht sicher. Reichen denn schon ein paar lumpige Zweifel, um wegzugehen? Und wenn es eine Schwelle dafür gibt, wo zum Teufel ist sie?

Eine mögliche Entscheidungshilfe ist die Frage, wie viele negative Auswirkungen Ihre Beziehung auf Ihr übriges Leben hat. Verlieren Sie bei der Arbeit die Konzentration, weil der Zustand Ihrer Beziehung sich immer wieder in Ihre Gedanken drängt? Können Sie nicht oder schlecht schlafen, weil Sie sich Sorgen um Ihre Beziehung machen? Wenn Sie ein Buch lesen, müssen Sie dann alle paar Absätze unterbrechen, weil sich Ihnen Gedanken an Ihre Beziehung aufdrängen? Ist Ihr Appetit beeinträchtigt? Haben Sie keine Lust mehr auf das, was Sie sonst am liebsten essen? Hatten Sie wegen dieser Sorgen schon einmal Atembeschwerden? Haben Sie mehr Alkohol getrunken oder Drogen genommen, um zur Ruhe zu kommen? Wenn diese oder ähnliche Symptome Sie plagen, dann müssen

Sie sich um das Problem kümmern. Das heißt noch nicht, dass Sie sich von Ihrem Partner trennen müssen, aber es bedeutet, dass Sie handeln müssen.

Halten Sie inne und überlegen Sie:
Hat Ihre Beziehung negative Auswirkungen auf Ihr übriges Leben?

Es gibt viele Gründe dafür, dass Menschen in einer Situation, die ihnen Angst macht, dasitzen und nichts tun, sei es für kurze Zeit, für lange Zeit oder für immer. Manche leben lieber in einer schlechten Beziehung, als Single zu sein. Vielleicht hatten sie nicht so viele Beziehungen in ihrem Leben und kommen zu dem Schluss, dass eine schlechte Beziehung immer noch besser ist als gar keine.

Halten Sie inne und überlegen Sie:
Halten Sie an einer Beziehung fest, weil Sie nicht Single sein wollen?

Manche Menschen, die sich dafür entscheiden, an einer Beziehung festzuhalten, sind dazu gezwungen. Mir schreiben Frauen, dass sie aus ihrer Beziehung herauswollen, ihren Partner aber aus finanziellen Gründen unmöglich verlassen können. Eine Frau, die immer Hausfrau war, hat vielleicht keine Abschlüsse und Referenzen, die ihr einen gut bezahlten Job ermöglichen würden. Und wenn sie Kinder hat, wird die finanzielle Situation noch komplizierter.

Andere wiederum halten an einer Beziehung fest, weil sie Angst vor der Peinlichkeit einer Trennung haben, besonders, wenn sie erst vor Kurzem eine große, teure und aufwendige Hochzeit gefeiert haben. Sie haben Schuldgefühle, wenn ihre Eltern für die Kosten aufgekommen sind, und schämen sich vielleicht vor allen, die ihnen ein Geschenk gemacht haben. Solange der andere nicht in flagranti beim Ehebruch erwischt wird, weiß man, dass alle den plötzlichen Sinneswandel infrage stellen werden, denn das würde man selbst unter solchen Umständen auch tun.

Viele Menschen sind psychisch nicht dafür gerüstet, irgendwelche größeren Entscheidungen zu treffen, und schieben sie lieber vor sich her. Auch haben mehrere Studien gezeigt, dass eine Scheidung auf der Liste der Traumata an zweiter Stelle, nach dem Tod eines geliebten Menschen, rangiert. (Dasselbe gilt meiner Ansicht nach auch, wenn eine langjährige Beziehung ohne Trauschein zerbricht.) Selbst ein Mensch mit einer stabilen seelischen Verfassung wird vor einem solchen Leid zurückscheuen. Und wenn Sie schon auf brüchigem Boden stehen, können Sie leicht Angst bekommen, an einer üblen Trennung vollends zu zerbrechen.

Halten Sie inne und überlegen Sie:
Sind Sie emotional stark genug, um eine Trennung zu verkraften?

Wenn es in Ihrer Beziehung holpert, schlage ich Ihnen immer wieder vor, in eine Paartherapie zu gehen. Wenn Ihre eigene psychische Verfassung labil ist, könnten Sie auch eine Einzeltherapie beginnen. Paartherapie brauchen Sie dann eventuell trotzdem noch, aber sie wird erfolgreicher sein, wenn es Ihnen selbst besser geht.

Druck von der Familie ist ein weiterer Faktor, der viele Menschen bremst. Obwohl eine Scheidung heute häufig genug vorkommt, ist sie immer noch ein Eingeständnis dafür, versagt zu haben. Und auch wenn Sie selbst überzeugt sind, dass eine Scheidung das Richtige ist, sind Ihre Angehörigen vielleicht nicht dieser Meinung, und ihre Reaktion könnte Ihr Elend durchaus steigern. Wenn Sie schon Mühe haben, sich zu einer Entscheidung durchzuringen, könnte die Überzeugung, Ihre Familie sei gegen eine Trennung, dazu führen, dass Sie bei Ihrem Partner oder Ihrer Partnerin bleiben.

Halten Sie inne und überlegen Sie:
Wie weit hält die mögliche Reaktion Ihrer Familie Sie davon ab, sich für eine Trennung zu entscheiden?

Dass Scheidungen heute üblich sind, heißt nicht, dass jemand, der geschieden ist, gleich eingeschätzt wird wie jemand, der das nicht ist. Obwohl vielleicht nicht in erster Linie Sie an der Scheidung schuld waren, werden manche Sie dennoch als zweite Garnitur ansehen. Ich sage nicht, dass Sie das auch sind, aber man kann nicht ignorieren, dass künftige Partner Sie bei diesem Status besonders gründlich unter die Lupe nehmen werden. (Wären Sie selbst nicht auch zögerlicher, eine Beziehung mit einem neuen Partner einzugehen, der schon einmal oder gar mehrmals geschieden ist?)

Manche von Ihnen halten auch aus Mitleid an einer Beziehung fest, weil sie wissen, dass ihr Partner nach einer Trennung am Boden zerstört wäre. Das kommt häufiger dann vor, wenn diese Person nicht mehr wie früher die chemische Reaktion auslöst, und weniger wenn die Beziehung in ernsteren Schwierigkeiten steckt. Doch jeder, der über eine Trennung nachdenkt, muss die Reaktion seines Gegenübers miteinbeziehen. Schließlich haben Sie sich ja einmal geliebt und wahrscheinlich liegt Ihnen auch noch etwas am anderen. Wenn Ihr Gegenüber in irgendeiner Weise seelisch labil ist, kann seine potenzielle Reaktion auf eine Trennung zu einem Faktor werden, der Sie zusammenhält.

Ich könnte Ihnen noch mehr Beispiele nennen, aber mein Hauptanliegen ist die Botschaft, dass eine Trennung nicht leicht ist. Ganz gleich, welche Kräfte Sie auseinanderdriften lassen: Es gibt stets auch Kräfte, die Sie zusammenhalten. Der Abschied vom anderen erfordert Anstrengung und es wird nicht ohne Schmerz abgehen, wahrscheinlich nicht ohne großen Schmerz. Deshalb müssen Sie triftige Gründe haben, weshalb Sie künftig getrennte Wege gehen wollen. Daher ist auch der Versuch so wichtig, die Dinge wieder in Ordnung zu bringen. Eine Beziehung lässt sich nicht immer reparieren, aber wenn es gelingt, können Sie und Ihr Partner beziehungsweise Ihre Partnerin sich viel Kummer und Schmerz und viele negative Gefühle ersparen.

Dr. Ruth Westheimer

@AskDrRuth

Entscheiden Sie sich erst dann für eine Trennung, wenn Sie alles in Ihrer Macht Stehende getan haben, um zusammenzubleiben.

Wenn Sie sich anschauen, wie Sie beide heute dastehen, und unschwer erkennen, dass Sie nicht zusammenpassen, gibt es dann irgendeinen Grund zu versuchen, die Beziehung zu kitten?

Es könnte mehrere Gründe geben. Sie werden niemals alle Verbindungen zu diesem Menschen vollständig durchtrennen können. Selbst wenn er zehntausend Kilometer weit wegzieht und Sie nie mehr mit ihm kommunizieren, wird es wahrscheinlich Momente geben, in denen Sie ihn auf Facebook oder LinkedIn suchen werden. Wenn Sie gehen, ohne sich erst einmal zu bemühen, die Bindung aufrechtzuerhalten, werden Sie sich Ihr Leben lang fragen, ob Sie das Richtige getan haben. Sie werden unter Schuldgefühlen leiden. Wenn Sie aber versuchen, die Beziehung wieder zum Laufen zu bringen, und das klappt nicht, werden Sie (selbst wenn Ihre Bemühungen von Anfang an zum Scheitern verurteilt waren und Sie das wussten) nicht so starke Schuldgefühle haben. Und wenn auf der Straße jemand vor Ihnen hergeht, der Ihrem Partner oder Ihrer Partnerin ähnlich sieht, werden Ihre Gefühle, wie immer sie beschaffen sein mögen, nicht so stark sein.

Also müssen Sie selbst dann, wenn Sie sich absolut sicher sind, dass es nicht funktionieren wird, im eigenen Interesse einen Anlauf nehmen. Je schlechter die Chancen stehen, dass die Beziehung funktioniert, desto weniger brauchen Sie zu unternehmen, aber irgendetwas müssen Sie tun.

Falls Sie nach einem gedruckten Test von mir suchen, aus dem hervorgehen soll, wie gut Sie und Ihr Partner oder Ihre Partnerin zusammenpassen, dann werden Sie nichts finden, weil ich nicht glaube, dass ein solcher Test jemals verlässlich sein kann. Dafür gibt es einen einfachen Grund: Kompatibilität ist eine Ermessensfrage. Einer Frau ist es vielleicht sehr wichtig, dass ihr Mann größer ist als sie, während es einer anderen völlig gleichgültig ist. Ein Mann braucht vielleicht eine Partnerin, die über seine Witze lacht, ein anderer braucht das nicht. Mein Mann machte immer gern Witze, die völlig an mir vorbeigingen, und wir waren 35 Jahre verheiratet, bis er plötzlich starb. Die Fragen nach der Aufforderung »Halten Sie inne und überlegen Sie« sollen Ihnen eine Orientierungshilfe bieten, keine fertigen Antworten darauf, ob Sie gehen oder bleiben sollen.

Sie werden niemanden finden, der perfekt zu Ihnen passt. Sie können sich nicht Ihren idealen Partner ausdenken und ihn dann bei Amazon finden. Daher müssen Sie Dutzende von Faktoren gegeneinander abwägen. Bei der Beurteilung, wie gut Sie zusammenpassen, halte ich für wichtig, dass man einige Faktoren ändern kann und andere nicht. Eine Frau, die zu dem Schluss kommt, dass sie nicht mit einem Mann leben kann, der kleiner ist als sie, sollte diesen kleineren Mann verlassen. Er wird niemals größer werden. Sie dachte vielleicht, sie könnte mit der Zeit lernen, dieses körperliche Merkmal zu ignorieren, aber wenn sie das nicht schafft, dann war's das eben.

Aber natürlich können Menschen geistig wachsen. Nehmen wir zum Beispiel einmal an, Sie heiraten jemanden, der nicht studiert hat, und schämen sich für seine fehlende oder mangelnde Bildung, wenn Sie mit Ihren Freunden zusammen sind, die alle Uniabschlüsse haben. Gegen so eine Situation können Sie etwas tun: Jeder kann, auch ohne eine Universität zu besuchen, ein höheres Konversationsniveau erreichen, indem er etwa sehr viel liest. Ist Ihr Schatz bereit, diese Mühe auf sich zu nehmen, haben Sie vielleicht ein echtes Juwel gefunden. Ein Gespräch darüber wird natürlich nicht ganz einfach sein, aber es ist besser, über Ihr Anliegen zu sprechen, als es so lange im Untergrund schwelen zu lassen, bis es zu einem Trennungsgrund wird.

Dr. Ruth Westheimer
@AskDrRuth

Heikle Gespräche, die nicht leicht zu führen sind, sind häufig die wichtigsten.

Kompatibilität beginnt im Grunde bei Ihnen, nicht bei Ihrem Partner. Wie wählerisch sind Sie? Jeder hat Fehler, aber wenn Sie ein Mensch sind, der Unvollkommenheiten nicht übersehen kann, dann müssen Sie sich vielleicht von einer Partnerin trennen, die ständig einen Ihrer Knöpfe drückt. Wenn Sie allzu wählerisch sind, finden Sie vielleicht niemals einen Partner und müssen daher unter Umständen an diesem Thema arbeiten, ehe Sie sich wieder auf die Suche machen.

Halten Sie inne und überlegen Sie:
Wie wählerisch sind Sie? Wie perfektionistisch sind Sie?

Ein Stück weit können Sie schon beurteilen, wie gut Sie zu jemandem passen, ehe Sie ihn daten, besonders, wenn Sie schon eine Liste der Punkte gemacht haben, die Ihnen wichtig sind. Wenn Sie schon ein paarmal Lehrgeld gezahlt haben, werden ein paar Dinge ganz nach oben rücken, etwa zu viel Alkohol oder engstirnige, bigotte Eltern. So eine Liste ist ein Sortierverfahren, das Ihnen Zeit und möglicherweise auch Herzschmerz erspart. Wenn Sie beispielsweise keinesfalls jemanden heiraten wollen, der einer anderen Konfession angehört, warum sollten Sie dann überhaupt eine Beziehung mit so jemandem beginnen? Warum sollten Sie es auf einen schmerzhaften Bruch anlegen? Da es Seelenpartner nicht gibt, könnten

Sie sicher jemanden kennenlernen, der ebenso gut zu Ihnen passt und auch die gleiche Konfession hat wie Sie. Deshalb sollten Sie Ihren Suchbereich von vornherein eingrenzen. Wenn Ihre Liste unerlässlicher Eigenschaften allzu lang ist, führen Sie vielleicht am Ende ein einsames Leben. Überlegen Sie daher beim Erstellen dieser Liste, ob Sie ein paar Kompromisse machen könnten. Vielleicht muss er nicht unbedingt größer als Sie sein, solange er auch nicht kleiner ist. Vielleicht kann sie auch kleine Brüste haben, wenn sie dafür Ihren Lieblingssportverein mag. Machen Sie sich klar, dass eine Beziehung durch das Kombinieren nicht verhandelbarer Punkte genauso wenig zustande kommt wie eine, die den Anforderungen einer »Seelenpartnerschaft« folgt. Mein Rat lautet: Für jedes Merkmal, ohne das es für Sie gar nicht geht (zum Beispiel Glaubensrichtung), streichen Sie ein anderes (zum Beispiel Körpergröße) von der Liste. Auf diese Weise werden Ihre Erfolgschancen ganz erheblich steigen.

Halten Sie inne und überlegen Sie:
Welches sind die wichtigsten Eigenschaften, die Sie bei einem Partner oder einer Partnerin suchen?

Und wie sieht es aus, wenn Sie sich für kompatibel hielten, sich auf eine ernsthafte Beziehung einließen und dann zu dem Schluss kamen, Sie passen doch nicht zusammen? Dann müssen Sie als Erstes prüfen, was passiert ist und ob es um eine Frage der Kompatibilität geht oder um etwas anderes. Liebe kann blind machen, deshalb müssen Sie die Situation analysieren. Haben Sie die Probleme, die ein Zusammenpassen verhindern, einfach nicht gesehen, oder hat sich etwas geändert? Natürlich könnte eine Veränderung bei einem von Ihnen oder in der Beziehung Ihre Liebe so weit schwinden lassen, dass sich die Unterschiede zwischen Ihnen stärker auswirken.

Das Fazit bei dieser ganzen Diskussion darüber, ob Sie zusammenpassen, ist, dass Sie irgendwann einmal zu einer Entscheidung gelangen müssen. Könnten Sie auch zu dem Schluss kommen, dass Sie beide nicht kompatibel sind und sich dennoch dafür entscheiden, zusammenzubleiben? Natürlich! Schauen Sie sich nur einmal alle Ihre älteren Verwandten an. Ich bin sicher, dass Sie ein oder zwei Paare entdecken werden, die nicht gut zusammenpassen und doch zusammengeblieben sind. Und das bedauern sie vielleicht nicht einmal, weil natürlich auch Beständigkeit ihren Wert hat.

Dr. Ruth Westheimer

@AskDrRuth

Dass man nicht zusammenpasst, ist nicht zwangsläufig ein Trennungsgrund.

Zwei Menschen werden und bleiben aus mehreren Gründen ein Paar. Einer davon kann sein, dass Sie ein Team bilden, das Ihnen beiden hilft, mit dem Leben zurechtzukommen. Angenommen, Sie passen nicht sonderlich gut zusammen, aber dann wird Ihre Mutter schwer krank und Ihre Frau steht Ihnen zur Seite und hilft Ihnen bei der Pflege. Wie viel ist Ihnen dieses Verhalten Ihrer Frau wert, wenn Sie überlegen, ob Sie gehen oder bleiben wollen? Stellen Sie sich jetzt ein anderes Szenario vor: Harmonieprobleme haben Sie dazu bewogen, sich von Ihrer ersten Frau scheiden zu lassen, und jetzt heiraten Sie noch einmal, diesmal aber jemanden, der besser zu Ihnen passt. Dann wird Ihre Mutter wieder krank. Ihre neue Frau kennt sie kaum und hat sie bisher in erster Linie als kränkliche, griesgrämige ältere Frau erlebt. Wird diese neue Frau ihrer Schwiegermutter beistehen? Wahrscheinlich nicht. Die Verbindungen, die Sie mit Ihrer ersten Frau in all den entscheidenden, gemeinsam verbrachten Jahren geknüpft haben, sind wertvoll. Reichen sie aus, um Sie zusammenzuhalten? Einzeln betrachtet vielleicht nicht, aber im ganzen Paket sind sie möglicherweise das Tüpfelchen auf dem i, sodass die Fürsorge Ihrer ersten Frau für die Familie rückblickend so wichtig ist, dass sie mehr zählt als bestimmte Verträglichkeitsprobleme.

Im Lauf der Zeit hat dieses Team, das Sie gebildet haben, vielerlei Bindungen entstehen lassen. Zumindest sollte es so sein. Ich möchte beinahe sagen, dass diese Bindungen für die Beziehung wichtiger sind als die drei bereits erwähnten Faktoren Lust, Liebe und Kompatibilität. Diese Bindungen wären natürlich niemals gewachsen, wenn diese drei Faktoren nicht von Anfang präsent gewesen wären. Doch diese Bindungen könnten am Ende so stark sein, dass Sie sich für ein Zusammenbleiben entscheiden.

Gemeinsame Kinder sind wahrscheinlich der wichtigste Faktor für das Entstehen von Bindungen. Als Eltern bildet man ein Team und steht vieles gemeinsam durch. (Wenn natürlich nur einer von Ihnen alle Elternaufgaben erfüllt, dann lassen diese Aufgaben kein Band zwischen Ihnen entstehen, sondern treiben einen Keil zwischen Sie.) Auch eine Krankheit gemeinsam zu meistern, kann eine Bindung schaffen, und ebenso gegenseitige Hilfe beim Erwerb von zusätzlicher Bildung, der Start eines Unternehmens, der Kauf und die Einrichtung eines

Hauses, gemeinsame Freunde, ehrenamtliche Arbeit für eine religiöse Einrichtung oder eine politische Partei, gemeinsame Reisen und vieles andere. Diese Bindungen reichen vielleicht nicht aus, um Sie zusammenzuhalten, wenn Lust, Liebe und Harmonie gleich null sind. Aber wenn sie nur schwächer geworden sind, sind sie vielleicht stark genug, damit Sie sich für das Bleiben entscheiden.

Was macht diese Bindungen aus? Die wichtigsten Bausteine sind gemeinsame Erinnerungen. Paare erinnern sich an die Geburt ihres ersten Kindes, an jeden wichtigen Moment in seiner Entwicklung, an Familienurlaube und mehr. Man möchte seine Erfahrungen gern mit jemandem teilen, der damals dabei war. Gemeinsame Erinnerungen schenken einfach größere Befriedigung.

Neben den Erinnerungen haben Sie eine ganze Palette intensiver Emotionen miteinander geteilt, wie Freude, Überraschung, Angst und Schmerz. Dass Ihr Partner oder Ihre Partnerin bei Ihnen war, als Ihre Mutter an Krebs erkrankte, und Ihnen bis nach der Beerdigung zur Seite stand, hat ein Band geknüpft. Wenn man in einer Krise jemanden hat, der einem beisteht, wird sie leichter erträglich – und es entsteht dabei eine Bindung.

Halten Sie inne und überlegen Sie:
Welche Bindungen bestehen zwischen Ihnen und Ihrem Partner oder Ihrer Partnerin?

Bindungen werden mit der Zeit stärker oder sollten das zumindest. Wenn sich Ihre gemeinsamen Jahre allmählich summieren, gewinnt Ihre geteilte Erfahrung an Gewicht, denn wenn

Sie die Erinnerungen daran Revue passieren lassen, ist Ihre Partnerin stets da und an Ihrer Seite. Unter Umständen messen Sie ihr sogar einen größeren Anteil daran zu, als sie tatsächlich verdient, denn Ihre vielen gemeinsamen Erinnerungen geraten mit der Zeit etwas durcheinander. Wenn Sie nur kurze Zeit zusammen waren, sagen wir mal drei Jahre, sind die Bindungen wahrscheinlich nicht so stark, wie wenn Sie dreißig Jahre zusammen verbracht hätten. Je mehr Jahre Sie zusammen sind, desto mehr emotionale Bindungen haben Sie, desto stärker ist Ihre Verbundenheit.

Bindungen haben mit der Vergangenheit zu tun, nicht mit der Zukunft. Wenn Sie sich nicht gut verstehen, machen Sie wahrscheinlich keine neuen verbindenden Erfahrungen mehr. Aber die alten haben ihren Wert, deshalb können Sie sie nicht einfach abtun. Sie sind Teil Ihrer gemeinsamen Geschichte. Wenn Lust, Liebe und Verträglichkeit vollständig dahin sind, machen Bindungen diesen Verlust vermutlich nicht wett. Aber wenn diese Faktoren eher nebensächlich sind, dann können Bindungen ein wichtiges Element bei Ihrer Entscheidung sein, ob Sie gehen oder bleiben.

Bindungen, die aus gemeinsamen Erfahrungen entstanden sind, lassen sich eigentlich nicht analysieren. Sie gehören fest zu Ihrer persönlichen Geschichte. Stellen Sie sich eine Waage mit zwei metallenen Waagschalen an den beiden Enden eines horizontalen Balkens vor. Die Bindungen liegen in der Waagschale, auf der »Bleiben« steht. Da Sie die Vergangenheit nicht ändern können, werden sie ein Faktor Ihrer Entscheidung sein. Aber sie sind eben, wie sie sind, anders als die übrigen drei Faktoren (Lust, Liebe und Kompatibilität), die sich verändern können, sogar in Sekundenschnelle.

Das Wissen darum, dass Sie ständig neue Bindungen schaffen, könnte ein Grund sein, sich zum Gehen zu entschließen, ehe allzu viele entstanden sind. Bindungen lassen sich zwar nicht mit Gold aufwiegen, aber sie schenken Lebenskraft. Es ist gut, zahlreiche Bindungen zu haben, denn die tragen Sie durch schwere Zeiten. Aber vielleicht möchten Sie sie nicht mit dem Menschen aufbauen, mit dem Sie derzeit zusammen sind. Sie möchten keine Zeit an jemanden verschwenden, der kein Langzeitpartner sein wird. Wenn Sie sich Bindungen wie kleine Bausteine vorstellen, die Teil Ihres Lebens sind, verstehen Sie vielleicht leichter, warum es vorteilhaft ist, jemanden lieber früher als später zu verlassen. Stellen Sie sich die bereits bestehenden Bindungen für jeden wichtigen Menschen in Ihrem Leben in einer anderen Farbe vor. Die Bindungen an Ihre Familie sind Teil Ihres Fundaments. Wenn Sie später auf die Struktur Ihres Lebens zurückblicken, möchten Sie darüber nicht lauter kleine Flächen unterschiedlich gefärbter Bindungen sehen, die Sie mit diesem oder jenem Liebhaber eingegangen sind, der jetzt zu Ihrer Vergangenheit statt zu Ihrer Gegenwart gehört.

Dr. Ruth Westheimer
@AskDrRuth

Je mehr Dinge Sie mit einem Menschen verbinden, desto wertvoller wird die Summe dieser Verbindungen.

Stellen Sie sich vor, Sie seien alt und grau und hielten Rückschau auf Ihr Leben und die Menschen, mit denen Sie Ihre Zeit verbracht haben – wie wichtig wäre das im Zusammenhang mit Ihrer Überlegung, ob Sie gehen oder bleiben sollen? Ist dieser Blickwinkel für Ihre derzeitige Situation relevant? Jawohl, und zwar insofern: Wenn Sie nicht glauben, dass Ihre Beziehung in der Lebensrückschau als etwas Lohnendes und Freudvolles herausragt, dann halten Sie nicht aus albernen Gründen daran fest, etwa, weil Sie am nächsten Valentinstag nicht allein sein wollen. Wenn Sie langfristig denken und überlegen, welches Gefühl Sie in Bezug auf Ihr ganzes Leben haben werden, fällt es Ihnen sicher leichter, zu entscheiden, wie Ihr nächster Schritt aussehen könnte, ob er nun dazu führt, dass Sie die Verbindung durchtrennen oder versuchen, alles wieder ins Lot zu bringen.

Halten Sie inne und überlegen Sie:
Stellen Sie sich vor, Sie wären viel älter
und würden auf Ihr Leben zurückschauen.
Wird der Anblick Sie erfreuen?

KOMMUNIZIEREN WIR EIN WENIG ÜBER KOMMUNIKATION

Die Kommunikationstechniken verändern sich so schnell, dass niemand mehr weiß, wie er kommunizieren soll. Auch ich zähle mich zur Gruppe der Betroffenen. Sie setzen vielleicht Ihre Daumen äußerst geschickt bei der Nutzung des Smartphones ein, wissen aber nicht, welche Langzeitfolgen diese neuen Kommunikationstechniken haben. Überlegen Sie mal: Früher schrieb man sich Briefe. Einen Brief kann man nicht in kurzer Zeit schreiben, und weil Briefschreiber das Geschriebene noch einmal oder gar mehrmals durchlesen, bevor sie den Brief auf die Reise schicken, überlegt sich der Schreibende sorgfältig, was er zum Ausdruck bringt. Demgegenüber dauert es nur Sekunden, bis eine Textnachricht geschrieben und verschickt ist, und sie erreicht ihr Ziel sofort, sodass sie in beide Richtungen eine ganze Kette von Botschaften in Gang setzen kann, die so schnell hin- und herfliegen, dass einem kaum ein Augenblick Zeit zum Nachdenken bleibt.

Wenn es darum geht, in welchem Restaurant man sich in ein paar Stunden treffen soll, ist Simsen dem Briefschreiben haushoch überlegen. Aber wenn man etwas Schwerwiegendes mitzuteilen hat, sind Textnachrichten mit viel zu viel Schwächen behaftet: Die nicht geringste Schwäche ist, dass man manchmal schon Sekunden, nachdem man auf »Senden« gedrückt hat, heftig bereut, was man geschrieben hat. Dasselbe kann auch beim persönlichen Gespräch geschehen, aber bei einer unmittelbaren Begegnung bekommt man auch Feedback über die Körpersprache, den Gesichtsausdruck und den Tonfall. Wenn Ihre Worte verletzen, können Sie das wahrscheinlich sehen. Dann haben Sie die Gelegenheit, zu klären, was Sie gemeint haben, können es abmildern und sich gegebenenfalls sofort entschuldigen. Beim Sprechen beeinflusst Ihre Körpersprache Ihre Worte. Wenn Sie beim Sprechen die Stirn runzeln, werden dieselben Worte schroffer klingen, als wenn Sie dabei lächeln. Wenn Sie die Stimme heben, haben Ihre Worte eine ganz andere Bedeutung, als wenn Sie dieselben Worte flüstern. (Ja, Emoticons in Ihren Textnachrichten können helfen, aber sie haben nicht dieselbe Wirkung.)

Ehe Sie Ihrem Partner oder Ihrer Partnerin irgendeinen Text schicken: Analysieren Sie ihn. Wenn das Thema ernst ist oder schädliche Folgen haben könnte, dann schreiben Sie Ihre Botschaft erst einmal auf Papier nieder, auch wenn Sie sie hinterher mobil schicken. Warten Sie einen Moment und überlegen Sie sich, was Sie sagen wollen, und erst wenn Sie sicher sind, dass Sie die Auswirkungen des Inhalts einschätzen können, ziehen Sie Ihr Smartphone aus der Tasche.

Dr. Ruth Westheimer
@AskDrRuth

Wenn Sie erst einmal tief ein- und ausatmen, bevor Sie eine Textnachricht verschicken, kann Ihnen das später eine Menge Kummer ersparen.

Ein weiterer Nachteil der elektronischen Kommunikation ist, dass die Menschen vergessen, wie man miteinander spricht. Ich sehe so viele Paare, die eine Straße entlanggehen oder in einem Restaurant sitzen und beide auf ihr Smartphone schauen, ohne einander eines Blickes zu würdigen. Das können Sie selbst überprüfen. Nehmen Sie sich eine Viertelstunde Zeit, um die Menschen in der Öffentlichkeit zu beobachten. Viele starren auf ihr Smartphone.

Reden heißt aus gutem Grund auch »die Kunst der Konversation«. Und auch hier gilt: Man wird kein Künstler, ohne seine Kunst auch zu üben und sich auf sie zu konzentrieren. Wenn zwei Menschen die Aufmerksamkeit des jeweils anderen nicht einmal so lange wachhalten können, bis sie ein Essen in einem Restaurant verzehrt haben, glauben Sie nicht, dass sich das negativ auswirken wird, wenn sie über ein ernsthaftes Beziehungsproblem reden?

Wenn Sie gedanklich ständig abschweifen, können Sie einfach nicht alle Nuancen aufnehmen, die während eines wichtigen Gesprächs auftauchen. Worte sind nur ein Teil eines Gesprächs, dazu kommen Mienenspiel, Gesten, Tonfall und Körpersprache, und all das kommt gleichzeitig bei Ihnen an. Wenn Sie etwas Wichtiges zu sagen haben, können Sie vielleicht nicht alles mit Worten ausdrücken. Sie sind auch auf die anderen Facetten eines Gesprächs angewiesen, um sich umfassend ausdrücken zu können. Wenn Ihr Gegenüber nur mit der Hälfte seines Gehirns präsent ist, dann geht auf alle Fälle ein Teil Ihrer Botschaft verloren. Und wenn Sie beide eine kurze Aufmerksamkeitsspanne haben, wer weiß, wie viel dann überhaupt ankommt?

Dr. Ruth Westheimer
@AskDrRuth

Zwischenmenschliche Kommunikation besteht aus mehr als Worten, deshalb müssen Sie sehr aufmerksam sein.

Weil Menschen beim Kommunizieren mehr als Worte einsetzen, müssen Sie üben, richtige Gespräche zu führen – lange Diskussionen ohne Unterbrechung. Multitasking ist gut und schön, aber nicht immer wünschenswert. Es ist das typische zweischneidige Schwert. Natürlich können Sie mit Multitasking in jeder einzelnen Stunde mehr unterbringen, aber die Qualität der Leistungen, die Sie erbringen, ist nicht so gut. Sind Sie also wirklich produktiver? Bei der Kommunikation mit Ihrem Partner oder Ihrer Partnerin rate ich Ihnen, sich ganz auf diese Beschäftigung zu konzentrieren.

Bei zwei Experten für Multitasking hat die halbherzige Aufmerksamkeit noch eine andere Seite: Falls Sie doch einmal ein ernsthaftes Gespräch führen, können Sie nur sehr schwer feststellen, ob Ihre beabsichtigte Botschaft angekommen ist. Hat Ihr Partner oder Ihre Partnerin wirklich zugehört? Wie sieht es aus, wenn Sie eher subtil mitteilen wollten, was Sie zu sagen hatten? Hat Ihr Partner Ihre Mitteilung verstanden oder ist die Hälfte davon in der Luft hängen geblieben?

Über manche Themen lässt sich nicht so leicht sprechen. Erlauben Sie mir, mein Spezialgebiet – Sex – für ein Beispiel heranzuziehen, obwohl Sex nicht das einzige herausfordernde Thema ist. Nehmen wir an, Sie möchten darüber sprechen, dass Sie beim Sex gern eine neue Stellung ausprobieren würden, vielleicht eine etwas heikle wie Analverkehr. Obwohl Analsex inzwischen häufiger praktiziert wird, könnte sich ein Mann, der Analsex ausprobieren möchte, besorgt fragen, ob seine Partnerin ihm schwule Tendenzen unterstellt. Er kann vielleicht schon einmal üben, das Thema zur Sprache zu bringen, ohne seine Bitte allzu nachdrücklich vorzubringen. Vielleicht will er sich eine Hintertür offenlassen. Da es oft schwierig ist, über sexuelle Themen zu sprechen, wird sein Gesichtsausdruck eine Schlüsselrolle haben, wenn er seiner Partnerin mitteilt, dass er Analsex zwar gern ausprobieren würde, er ihm aber andererseits auch nicht übermäßig wichtig ist und er Verständnis hätte, wenn sie ihn ablehnt. Doch wie sieht es aus, wenn sie bei seinen Worten immer wieder auf ihr Smartphone schaut? Sie muss es nicht einmal unbedingt in die Hand nehmen, sondern braucht nur zu überlegen, ob sie vielleicht gerade einen Tweet oder einen Facebook-Post verpasst.

Halten Sie inne und überlegen Sie:
Schenken Sie Ihrem Partner beziehungsweise Ihrer Partnerin Ihre volle Aufmerksamkeit, wenn er oder sie spricht, oder lassen Sie sich leicht ablenken?

Eine natürliche Reaktion in einer solchen Situation ist, dass die Person, die mit halbem Ohr zugehört hat, merkt, dass ihr etwas Wichtiges entgangen ist, und mit betretenem Gesicht mit der Frage herausplatzt: »Was hast du gerade gesagt?« Das Gespräch stockt und man hört förmlich ein stummes Auweia. Jetzt ist dieser Vorschlag, den er ganz behutsam machen wollte, mit einem lauten Plopp gelandet. Beide Partner werden kurz das innere Gleichgewicht verlieren, und das Ergebnis könnte in mehrere Richtungen ausschlagen, von denen einige durchaus nachteilig für die Beziehung sein können.

Obwohl ich einen sexuellen Wunsch als Beispiel gewählt habe, müssen Paare auch viele andere Themen mit Feingefühl angehen: Schwiegermütter (selbst wenn Sie gar nicht verheiratet sind), Finanzen, Hausarbeit. Jedes Thema, das schon einmal zum Streit geführt hat, selbst wenn Sie das gar nicht wollten. Wenn man ein etwas heikles Thema anschneidet, kann man es entschärfen, indem man dabei lächelt, aber wenn das Gegenüber dieses Lächeln nicht sieht, weil es gerade eine SMS oder eine E-Mail schreibt, dann kann aus dem Gespräch rasch ein Streit werden. Wenn beide Seiten unter dem Einfluss eines Adrenalinstoßes stehen, kommt sehr wenig beim anderen an.

Das führt zu meinem wichtigsten Tipp zum Thema Kommunikation zwischen Partnern: Üben, üben und nochmals üben! Reservieren Sie sich Zeiten ohne Ablenkung und sprechen Sie miteinander, auch wenn Sie Leichtes und Vergnügliches bereden. Denken Sie daran, dass Sie diese Gespräche führen, um Ihre Kommunikation zu verbessern, um die Körpersprache des anderen verstehen zu lernen, um subtile Anspielungen mitzubekommen und sich besser kennenzulernen.

Ein weiteres Argument für regelmäßigen Austausch: Er gibt Ihnen die Gelegenheit, unauffällig ein heikles Thema anzuschneiden. Wenn Sie zu Ihrem oder Ihrer Liebsten oder überhaupt zu jemandem sagen: »Ich muss mit dir über etwas sprechen«, heißt das immer, dass Sie etwas Gewichtiges zu bereden haben. Es geht plötzlich um etwas Ernstes, und Ihr Gegenüber kann schon in die Defensive gehen, ehe Sie überhaupt ein Wort gesagt haben. Wenn Sie jedoch von vornherein Zeit für Gespräche geplant haben, können Sie jedes beliebige Thema viel unbefangener anschneiden. Das brenzlige Thema muss nicht gleich der erste Punkt sein, den Sie ansprechen, und wenn Sie bei einem leichteren Thema schon merken, dass Ihr Partner nicht in der richtigen Stimmung für ein ernsteres ist, können Sie die Sache bis zu Ihrer nächsten geplanten Unterredung aufschieben und hoffen, dass Ihr Gegenüber dann empfänglicher für Ihr Anliegen ist.

Wenn Sie glauben, Ihr Partner brauche etwas Zeit, um zu verdauen, was Sie gesagt haben, dann sprechen Sie das am Ende Ihres Gesprächs an. Sagen Sie einfach: »Nächstes Mal würde ich gern über dieses und jenes sprechen, könntest du bitte schon mal darüber nachdenken?« Auch das ist viel leichter, wenn Sie diese Unterredungen im Voraus geplant haben.

Manche von Ihnen sagen jetzt vielleicht: »Also Dr. Ruth, das ist alles recht und gut, aber wer führt denn Gespräche zu festgelegten Zeiten?« Wenn Sie in einer guten Beziehung leben und reichlich Gelegenheiten zum Reden haben, die Sie auch nutzen, dann ist dieser Rat für Sie eindeutig nicht von Bedeutung. Da Sie aber dieses Buch lesen, steht Ihre Beziehung wahrscheinlich auf der Kippe oder Sie fragen sich zumindest, wie es um sie bestellt ist. Schätzungsweise steht es mit der Kommunikation zwischen Ihnen und Ihrem Partner beziehungsweise Ihrer Partnerin nicht gerade zum Besten, und deshalb können geplante Gespräche genau das sein, was Sie brauchen, um Fortschritte zu erzielen.

Halten Sie inne und überlegen Sie:
Wie gut ist Ihre Kommunikation mit Ihrem Partner oder Ihrer Partnerin?

Wenn ein Paar zu mir in die Praxis kommt, spreche ich kurz mit beiden zusammen und anschließend mit den Partnern einzeln. Dabei bekomme ich stets von jeder Seite ein anderes Bild davon, was los ist. Selbst wenn die Partner vorher stundenlang miteinander geredet haben, haben sie nicht aufgenommen, was der andere gesagt hat. Sie haben sich die Situation aus ihrer eigenen Perspektive angeschaut und jeweils ihre eigene Interpretation desselben gemeinsamen Moments dargelegt. Wenn ein Paar in Nöte geraten ist, muss höchstwahrscheinlich seine Kommunikation verbessert werden. Derselbe Rat, den ich den beiden dann gebe, gilt auch für Sie: Legen Sie Zeiten für ernsthafte Gespräche mit Ihrem Partner oder Ihrer Partnerin fest, denn das brauchen Sie beide wahrscheinlich dringend.

Achten Sie aber darauf, dass es gute und schlechte Zeiten zum Reden gibt. (Und da schlechte Zeiten unerwartet eintreten können, häufig aufgrund der Arbeit, müssen Sie flexibel sein, wenn Sie Ihre Gesprächszeit neu festlegen.) Stellen Sie aber keine Mutmaßungen darüber an, was ein günstiger Moment sein könnte und was ein ungünstiger. Viele Menschen würden sagen, dass sie lieber keine ernsten Gespräche beim Abendessen führen möchten und auch nicht gleich nach der Arbeit, weil sie erst einmal Zeit brauchen, um zu Hause anzukommen und sich zu entspannen.

Andere sagen hingegen, sie würden lieber gleich reden, wenn sie nach Hause kommen, weil ihnen das hilft, den Tag zu vergessen, und das daher auch ein Weg zum Lockerlassen ist. Oder sie sagen, sie möchten große Diskussionen nicht zu kurz vor dem Schlafengehen führen, weil sie dann nicht mehr gut einschlafen können, sodass für sie gilt: je früher, desto besser.

In Ihrem ersten Gespräch wird es darum gehen müssen, wann Sie Ihre Unterredungen planen sollen, damit sie den Bedürfnissen von beiden entsprechen.

Manche Paare haben viele Gelegenheiten zum Reden und tun das auch regelmäßig. Oder glauben zumindest, dass sie das tun. Falls Sie zu dieser Gruppe gehören, könnten Sie sich ein Tagebuch zulegen und aufschreiben, wie oft Sie im Lauf einer Woche miteinander reden. Wenn Sie zusammen frühstücken, aber beide die Zeitung lesen, zählt das nicht. Wenn Sie gemeinsam zur Arbeit fahren, aber dabei keine Privatsphäre haben, weil Sie mit dem Bus oder der Bahn oder einer Fahrgemeinschaft unterwegs sind, dann zählt auch das nicht. Sie werden trotzdem noch Zeiten für ernsthaftere Themen ansetzen müssen, bei denen Sie keine Zuhörer haben wollen.

Wie sieht es aus, wenn Sie immer Musik laufen haben, wie es in vielen Haushalten üblich ist? Wenn im Hintergrund Musik läuft, macht das manchmal keinen Unterschied aus, manchmal aber doch. Deshalb schlage ich Ihnen Folgendes vor: Achten Sie darauf, wie viel Sie miteinander sprechen und welche Qualität diese Gespräche haben. Setzen Sie dann einen Termin für ein Gespräch ohne jedes Hintergrundgeräusch fest und schauen Sie, ob Sie einen Unterschied feststellen. Wenn nicht, gibt es keinen Grund, die Musik abzustellen. Aber wenn Sie ohne Musik besser kommunizieren können, wissen Sie, was Sie zu tun haben.

Ein wichtiger Bestandteil eines Gesprächs sind Fragen. Da sind zunächst einmal die allgemeinen Fragen wie: »Wie war dein Tag?« Sie sind wichtig, weil sie zeigen, dass Sie Interesse daran haben, was Ihr Partner oder Ihre Partnerin macht und zu erzählen hat. Wenn Sie immer nur eine einsilbige Antwort wie

»gut« bekommen, dann haben Sie ein Problem, dem Sie auf den Grund gehen müssen, denn jeder Tag verläuft anders. Irgendetwas muss geschehen sein, deshalb müssen Sie verstehen, warum Ihr Partner Ihnen nicht mehr erzählt. Wenn Sie jeden Tag zehn oder mehr Stunden getrennt verbringen, wird »gut« Sie einander nicht näherbringen.

»Gut« ist eine Antwort, die oft gegeben wird, um Fragen aus dem Weg zu gehen. Es gibt viele solche Antworten und kurze Antworten sind in Ordnung, wenn man es eilig hat, müde ist oder gar schlecht gelaunt. Manchmal sind solche Kurzantworten aber die einzige Form von Kommunikation. Wenn Ihre Partnerin überwiegend nicht gewillt ist, ihr Leben mit Ihnen zu teilen, dann gehören Sie vielleicht nicht unter ein und dasselbe Dach.

Lange Zeit herrschte die Vorstellung, ein Mann sei stark und schweigsam. Das mochte seinen Sinn haben, als ein Mann in früheren Zeiten vielleicht tagelang oder sogar wochenlang mit seinem Pferd allein war. In der heutigen Welt ist so ein Verhalten einfach nicht akzeptabel. Als die meisten Frauen noch Hausfrauen und finanziell von ihrem Mann abhängig waren, mussten sie sich vielleicht mit jemandem abfinden, der nie mehr als ein paar Worte mit ihnen gesprochen hat, aber heute sind die meisten Frauen nicht mehr in einer Situation gefangen, in der sie so ein Verhalten tolerieren müssen. (Das gilt jedoch dann nicht, wenn kleine Kinder da sind.) Die typische Frau wurde, vor allem in Sitcoms, als eine Person dargestellt, die redet wie ein Wasserfall und deren Mann nie zuhört.

Die noch vorhandenen Überreste dieser Klischees müssen aus der Welt geräumt werden. Männer und Frauen sind nicht gleich, das müssen sie auch nicht sein. Zu einer gut funktionierenden Liebesbeziehung gehören aber Kommunikation und regelmäßiger Gedankenaustausch. Sonst könnten Sie genauso gut in einer WG wohnen.

Und dann gibt es da diesen Schlüsselsatz: »Ich liebe dich.« Manche Menschen zerbrechen sich den Kopf darüber, wann sie ihn endlich aussprechen sollen. Andere machen sich keine Gedanken darüber, ob hinter diesen Worten wirklich echte Liebe steht, solange sie zu hören bekommen, was sie wollen.

Natürlich lässt sich Liebe auf viele verschiedene Arten ausdrücken. Ich habe schon manchmal gesagt, wenn ein Vater Windeln wechsle, sei das eine Form von Vorspiel, weil er durch dieses Handeln und das Übernehmen dieser Aufgabe eindeutig zeige, dass er nicht nur sein Baby, sondern auch dessen Mutter liebe. Die Worte »Ich liebe dich« sind ohne entsprechende Taten nicht viel wert und doch sind auch die Worte wichtig.

Jedes Paar tut sein Bestes, um der Liebe Ausdruck zu verleihen, und die wahre Bedeutung – im Hinblick auf das Thema dieses Buches – ist, dass es ohne Liebesbekundungen zwischen zwei Menschen auch keine Liebe gibt. Wenn einer der beiden nie Händchen halten will, nie schmusen will, keinen Finger rührt, um den anderen in irgendeiner Weise zu unterstützen, jedes wichtige Datum vergisst und beim Abendessen kaum ein paar Worte sagt, dann behaupte ich, dass dieser Mensch damit laut und deutlich sagt, dass in seinem Herzen keine Liebe wohnt.

Ein Mensch kann relativ leicht lügen. Der Satz »Ich liebe dich« erfordert wenig bis gar keine Anstrengung. Liebe zu zeigen, verlangt hingegen Engagement, Anteilnahme und Handeln. Wenn in Ihrer Beziehung kein Engagement, keine Anteilnahme und kein Handeln vorkommen, können Sie getrost annehmen, dass auch sehr wenig Liebe vorhanden ist. Umgekehrt werden dann, wenn der Partner oder die Partnerin in vielfältiger, greifbarer Weise Liebe zeigt – zum Beispiel fragt, ob Sie etwas aus der Küche möchten, unaufgefordert seinen Teil zum Haushalt beiträgt oder unerwartet kleine Geschenke mitbringt –, die Worte »Ich liebe dich« weniger wichtig. Es ist schön, sie zu hören, aber sie sind nur noch das Tüpfelchen auf dem i, wenn jemand seine Liebe regelmäßig durch sein Handeln zeigt.

Halten Sie inne und überlegen Sie:
Zeigt Ihr Partner oder Ihre Partnerin seine beziehungsweise ihre Liebe?

Aber seien Sie auch nicht schüchtern. Wenn Sie ab und zu von Ihrem Partner ein »Ich liebe dich« brauchen und er sagt es nie, obwohl Sie aufgrund seines Handelns sicher sind, dass er Liebe im Herzen trägt, dann machen Sie den Mund auf. Sie können fragen: »Liebst du mich?« oder sagen: »Ich muss auch einmal von dir hören, dass du mich liebst. Deshalb bitte ich dich, es ab und an zu sagen.« Manche Menschen können Emotionen besser ausdrücken als andere. Ihr Partner liebt Sie vielleicht von Herzen, bringt aber kein Wort heraus, sooft er es zu sagen versucht. Jede Ermutigung, die Sie in einer solchen Situation geben können, wird für Sie beide eine Wohltat sein.

Dr. Ruth Westheimer
@AskDrRuth

Die Worte »Ich liebe dich« zu hören, kann wichtig sein.

Ehrlichkeit ist ein Element guter Kommunikation, das hoch im Kurs steht, aber ich halte nichts von hundertprozentiger Ehrlichkeit. Ob eine Lüge eher ein höfliches Flunkern ist oder nicht, hängt von der Absicht ab. Ist eine ehrliche Antwort nur freimütig oder ist sie gemein? Wenn sie gemein ist, ist Flunkern meiner Meinung nach besser. Wenn jemand fragt: »Sehe ich in diesem Kleid dick aus?«, dann sollte die Antwort niemals lauten: »Ja, weil du dick bist, siehst du in jedem Kleid dick aus.« Das sollte nicht die Antwort eines Menschen sein, der Sie liebt. Wenn das Kleid nicht das Problem und die Person einfach recht korpulent ist, wäre es durchaus in Ordnung, zu sagen: »In diesem Kleid siehst du gut aus.« Wenn hingegen das Kleid Teil des Problems ist, dann wäre ein positiver Vorschlag wie »Mir gefällt das schwarze Kleid besser an dir« angemessen. »Fishing for Compliments« ist immer eine riskante Sache, aber ich behaupte, dass harmloses Flunkern sehr nützlich sein kann, um eine Beziehung zusammenzuhalten.

Wenn man Frauen bei Unterhaltungen zuhört, gewinnt man den Eindruck, dass es der Norm entspricht, einander ein Kompliment zu machen. Wenn eine Frau eine andere begrüßt, wird sie selbst dann, wenn sie die Kleidung der anderen absolut grässlich findet, nach dem einen Element Ausschau halten, das ihr gefällt, und dann beispielsweise sagen: »Du trägst heute sehr hübsche Ohrringe.« Männer hingegen machen oft das genaue Gegenteil und weisen auf mögliche Schwachstellen bei einem anderen Mann hin: »Ich wusste gar nicht, dass Jason auch Haare schneidet. Wie ist es, einen Haarschnitt mit der Kettensäge zu bekommen?« Natürlich wissen Männer, dass sie gegenüber einer Frau nicht so einen Kommentar abgeben können; aber witzige Bemerkungen gelingen ihnen besser als

Komplimente, weil sie darin geübter sind. Und oft sagen sie lieber gar nichts, als zu riskieren, etwas Falsches zu sagen.

In solche Fallen tappen Sie, wenn Sie die Kunst des Gesprächs erlernen. Wenn Sie selten über ernste Themen sprechen und es dann doch einmal tun, können die Eigenheiten, die Sie beim Reden miteinander entwickelt haben – beispielsweise alles wie einen Scherz zu behandeln –, Sie auf Abwege locken. Es geht nicht darum, einfach nur miteinander zu reden. Wichtig ist vielmehr, dass Sie über wichtige Themen in Ihrer Beziehung sprechen. Wenn Sie nur aufeinander einreden, statt einander zuzuhören und in einen Dialog zu treten, dann ist jeder Versuch, ein solches Gespräch zu führen, Zeitverschwendung.

Ein weiteres großes Hindernis für gute Kommunikation ist Abwehr – ein zweischneidiges Schwert, denn manchmal reagieren Sie defensiv und bei anderen Gelegenheiten bringen Sie Ihren Partner oder Ihre Partnerin in die Defensive. Worte sind wichtig und wie Sie Ihre Fragen und die Dinge formulieren, die Ihnen am Herzen liegen, spielt eine große Rolle. Sie sollten keinen Streit vom Zaun brechen, denn das führt zu weniger Kommunikation und nicht zu mehr. Streiten kann zwar manchmal eine angemessene Reaktion sein, aber nicht, wenn Sie kommunizieren wollen.

Schauen Sie sich folgendes konkrete Beispiel an: Sie haben das Gefühl, dass zu viel Hausarbeit an Ihnen hängen bleibt, dabei arbeiten Sie beide genauso lang außer Haus. Wenn Sie das Gespräch mit diesem Thema beginnen, geht Ihr Partner wahrscheinlich in die Defensive. Dann wird das Gespräch nicht produktiv sein, sondern in Erbsenzählerei ausarten, und Ihr Partner wird alles und jedes auflisten, was er im letzten Monat gemacht und wie lange er dafür gebraucht hat. Bei so einem Gespräch werden Sie aufgrund seiner Abwehrreaktion wahrscheinlich nicht zu einer Lösung gelangen, und erst recht nicht, wenn Ihr Partner schon ein wenig schuldbewusst ist, weil er nicht seinen gerechten Anteil übernimmt.

Das gleiche Gespräch können Sie auch so beginnen: »Mir wird es gerade ein bisschen viel. Bist du bitte so gut und kümmerst dich um die Wäsche?« Wenn Sie eine gute Beziehung haben, bekommen Sie wahrscheinlich die nötige Hilfe. Und wenn die Wäsche fertig ist, könnten Sie fragen, ob Ihr Partner diese Aufgabe vielleicht auch dauerhaft übernehmen könnte. Wenn Sie einen konkreten Vorschlag auf eine Weise machen, die nicht zu einer Abwehrreaktion führt, bekommen Sie viel eher das gewünschte Ergebnis.

Dr. Ruth Westheimer

@AskDrRuth

Formulieren Sie Ihre Fragen so, dass sie nicht automatisch eine defensive Reaktion auslösen.

Um Fragen so zu formulieren, dass sie keine defensive Reaktion auslösen, ist eine gewisse Planung erforderlich. Sie müssen sich entscheiden, welche Aufgabe im Haus Sie delegieren wollen, statt eine Bitte mit offenem Ausgang zu äußern. Ein Ja oder ein Nein als Antwort zu bekommen, ist wesentlich einfacher, als sich mit Ihrem Partner darüber zu streiten, welche Hausarbeit er übernehmen soll. Natürlich kann Ihr Gegenüber auch einen Gegenvorschlag machen. Wenn ja, dann fangen Sie wenigstens klein an, sodass ein positives Ergebnis eher möglich wird.

Entscheidend ist, dass Sie den Prozess ein Stück weit kontrollieren. Sie können nicht einfach sagen: »Ich möchte, dass du die Wäsche machst«, und Sie wollen sich sicherlich auch nicht auf ausgedehnte Verhandlungen einlassen. Wenn Sie klar definierte Bitten vorbereiten, steigt die Wahrscheinlichkeit, dass Sie Erfolg haben. Auch hier geht es wieder um die Kunst der Gesprächsführung. Sie müssen bereit sein, sie sehr gut zu erlernen oder sie zumindest dazu zu nutzen, Ihre Beziehung voranzubringen. Wenn Sie niemals ernsthafte Gespräche über die Probleme in der Beziehung führen, entweder, weil einer von Ihnen oder beide das vermeiden oder weil Sie dann immer in einen Streit geraten, dann wird die Qualität Ihrer Beziehung immer weiter in eine Abwärtsspirale geraten. Die Verbundenheit in einer Beziehung ist von guter Kommunikation abhängig. Wenn es in Ihrer Beziehung keine verbindenden Elemente gibt, dann leidet sie.

Den Beweis für die Bedeutung guter Kommunikation liefern jene Paare, die in einer Fernbeziehung leben und damit weniger Gelegenheit für Austausch haben. Wenn sich beide Partner darum bemühen, in Verbindung zu bleiben, kann ihre Beziehung über lange Zeiträume hinweg gesund bleiben. Menschen in einer Fernbeziehung begreifen zweifellos besser als andere, wie wichtig es ist, Verbindung zu halten. Und wenn das sogar ihnen gelingt, dann sollte es Paaren, die zusammenleben oder sich wenigstens alltäglich sehen, ebenfalls gelingen.

Ein weiteres Hindernis für eine effektive Kommunikation ist, wenn einer die Knöpfe des anderen drückt. Das geschieht bewusst oder unbewusst, aber in jedem Fall wird es wenig produktiv sein, wenn Sie das Gespräch auf der emotionalen Ebene aufheizen. Angenommen, er weiß, dass er sich eine besser bezahlte Arbeit suchen sollte, aber das ist ihm noch nicht gelungen. Sie fangen ein Gespräch über Ihren nächsten Urlaub an und er macht eine Bemerkung über die Kosten. Es irritiert Sie, sich ständig Sorgen ums Geld machen zu müssen, und so halten Sie ihm zum x-ten Mal vor, wie wenig er verdient. Ade, gepflegte Unterhaltung. Wenn Sie ihn dazu ermutigen wollen, eine neue Stelle zu finden, wunderbar. Aber das sollte Gegenstand eines anderen Gesprächs sein. Wenn Sie über einen Urlaub reden wollen, sollten Sie sich von vornherein klarmachen, dass er das Thema Kosten anschneiden wird. Wenn Sie der Meinung sind, er hätte sich schon längst um eine besser bezahlte Arbeit kümmern müssen, und es satt haben, wie arme Schlucker zu leben, dann beginnen Sie, Pläne zu schmieden, wie Sie den nächsten Partner finden. Sie sollten keinesfalls an der Beziehung festhalten und ungute Gefühle heraufbeschwören, indem Sie ständig das niedrige Gehalt aufs Tapet bringen. Wenn Sie Ihren Partner lieben, mit ihm zusammenbleiben wollen und einen Urlaub planen möchten, dann müssen Sie sich vorher gut zureden, ehe Sie das Thema anschneiden, damit Sie bereit sind, um die Sache mit seinem Gehalt einen Bogen zu machen.

»Na, hören Sie mal, Dr. Ruth«, sagen Sie jetzt. »Muss ich mir bei jedem Gespräch mit meinem Freund schon vorher darüber Gedanken machen, was ich sagen soll?« Nein, das habe ich nicht gesagt. Aber wenn Sie sich von ihm Rücksicht auf Ihre Belange wünschen, müssen Sie auch auf ihn Rücksicht nehmen. Das Ego eines Mannes hängt an seiner Arbeit. Wenn seine Arbeit ein heikles Thema ist, dann fassen Sie es mit Samthandschuhen an, sonst müssen Sie mit einer sehr negativen Reaktion rechnen.

Halten Sie inne und überlegen Sie: Haben Sie die Angewohnheit, die Knöpfe Ihres Partners oder Ihrer Partnerin zu drücken?

Vielleicht ist die Reaktion darauf irrationales Verhalten. Ihr Partner wechselt plötzlich das Thema und sagt Dinge, die jetzt nicht sinnvoll sind. Seine Emotionen übernehmen das Kommando und die Logik verschwindet aus der Diskussion. Wenn das geschieht, brauchen Sie eine Abkühlpause. Sie müssen die Diskussion beenden und darauf hoffen, dass nach einer gewissen Zeit wieder ein echtes Gespräch mit Gedankenaustausch möglich sein wird. Sie können kein erfolgreiches Gespräch mehr führen, wenn einer der Partner Unsinn redet.

Und vergessen Sie nie, dass Sie jemanden mit Worten verletzen können, vielleicht sogar mehr als mit Fäusten. Gehen Sie also nicht nachlässig mit Worten um. Es ist keine Entschuldigung, hinterher zu sagen: »Oh, so waren meine Worte nicht gemeint!« Hätten Sie sich Ihre Worte vorher überlegt, wären Sie die Sache vielleicht anders angegangen. Vielleicht wollten Sie dieses Gespräch aber auch als Gelegenheit nutzen, Ihren Gefühlen Luft zu machen. Wenn Sie das tun, ist es Ihre Entscheidung, aber dann haben Sie auch den Schaden für Ihre Beziehung zu verantworten.

Vergessen Sie nicht: Sie müssen entscheiden, ob Sie diese Beziehung weiterbringen wollen. Wenn ja, dann achten Sie genau darauf, wie Sie mit Ihrem Partner beziehungsweise Ihrer Partnerin sprechen. Tendieren Sie eher zum Schlussmachen, verletzen unnötige Streitereien Sie ebenso sehr wie Ihr Gegenüber. Es ist besser, sich einfach zu verabschieden, als einen Streit nach dem anderen anzuzetteln, sodass Sie am Ende emotional völlig erschöpft sind. Wenn Sie es nicht lassen können, ständig Auseinandersetzungen mit Ihrem Partner anzufangen, dann gehen Sie. Und wenn umgekehrt er ständig überflüssigen Streit vom Zaun bricht, gilt derselbe Rat.

Sie kennen wahrscheinlich die Geschichte von den Kanarienvögeln in Kohlebergwerken: Die Bergleute nahmen Kanarienvögel mit in den Stollen hinunter, um zu sehen, ob die Luft sauber genug war. Ein Kanarienvogel reagiert sehr empfindlich auf giftige Gase. Wenn die Bergleute sahen, dass er tot von der Stange fiel, wussten sie, dass ihnen Gefahr von giftigen Gasen drohte, und konnten sich schnell in Sicherheit bringen. Ihre Gespräche können ein Stück weit dieselbe Funktion haben wie diese Kanarienvögel. Wenn jedes ernsthafte Gespräch im Streit endet, ist die Wahrscheinlichkeit hoch, dass Ihre Beziehung toxisch ist.

Halten Sie inne und überlegen Sie:
Artet jedes Gespräch bei Ihnen beiden in Streit aus?

Beim Wort Kommunikation denken die meisten an Gespräche oder Briefeschreiben, aber Menschen kommunizieren auch noch auf vielerlei andere Weise. Berührung ist ein wichtiges Kommunikationsmittel, besonders zwischen Menschen, die sich lieben. Sich in die Augen schauen ist ein weiteres. Wie oft berühren Sie sich und schauen sich in die Augen, wenn Sie miteinander kommunizieren? Je ungesünder Ihre Beziehung ist, desto weniger kommen andere Formen der Kommunikation als das Sprechen vor. Deshalb ist ihr Fehlen ein Hinweis darauf, dass Sie aufpassen müssen.

Halten Sie inne und überlegen Sie:
Wie viel Berührung findet zwischen Ihnen beiden statt und wie oft schauen Sie sich in die Augen?

Eine weitere Kommunikationsform ist, bei irgendeiner praktischen Aufgabe zusammenzuarbeiten. Diese Art von Kommunikation erleben Kameraden in einer Sportmannschaft; sie spüren, wo die anderen Spieler sind und was sie tun, weil sie sich so gut kennen. Fehlt dieser Teamgeist, weil ein Spieler den Ball für sich behält, dann verliert die Mannschaft häufig das Spiel. Wenn Sie gemeinsam ein Essen kochen, ein Möbelstück von Ikea zusammenbauen oder ein kniffliges Kreuzworträtsel lösen können, ohne sich zu streiten, dann ist das ein gutes Zeichen für Ihre Beziehung. Handeln Sie hingegen nur selten als Team oder können das gar nicht und ist selbst die Verbindung zu dieser nonverbalen Form von Kommunikation abgerissen, dann haben Sie echt ein Problem.

Wenn Sie nicht so oft als Team aktiv werden, dann halten Sie nach Projekten Ausschau, die Ihnen ermöglichen, Teamgeist aufzubauen. Das ist besonders deshalb wichtig, weil Männer Teamarbeit tendenziell für bedeutsam halten und sie als Zeichen für Solidarität betrachten. Diese Art von Kommunikation ist kein Ersatz für Gespräche, aber wenn Sie sich nicht trennen wollen, könnte es für ein weiteres Miteinander entscheidend sein, dass Sie nach zusätzlichen Möglichkeiten, Verbindung herzustellen, Ausschau halten.

Da heute alle ein so prall gefülltes Leben führen, kann es schwer sein, die Zeit für ein ernsthaftes Gespräch zu finden, doch kurze elektronische Nachrichten können die Kommunikationslücke nicht schließen. Wenn Sie etwas auf dem Herzen haben und es loswerden wollen, dann sorgen Sie dafür, dass Sie das auch können. Das Ergebnis wird wesentlich besser ausfallen, wenn Sie sich auf das Gespräch schon eine Zeit lang vorbereitet haben, indem Sie Gespräche geplant, die Musik leiser gestellt und andere Ablenkungen ausgeschaltet haben, um Ihrem Partner oder Ihrer Partnerin zu signalisieren, dass es um etwas Ernstes geht. Überlegen Sie sich im Voraus, was Sie sagen wollen und wie, und seien Sie aufmerksam, damit Sie dann, wenn die Situation für eine bestimmte Diskussion nicht günstig ist, diese auch auf später verschieben können.

ERWARTUNGEN

Ihre Eltern haben bestimmte Maßstäbe dafür gesetzt, was Sie von einer Beziehung erwarten. Sie können die Latte sehr hoch oder sehr tief gelegt haben, aber ihre Beziehung wird immer ein wichtiger Anhaltspunkt sein. Wenn sie sich scheiden ließen, werden Sie sich ihr Verhalten ansehen und nach Kräften dafür sorgen, dass Ihre Beziehung anders aussieht. Wenn Ihre Eltern sich schon seit der Highschool innig lieben, geben sie Ihnen ein ganz anderes Vorbild.

> **Halten Sie inne und überlegen Sie:**
> **Wie sieht oder sah die Beziehung Ihrer Eltern aus? Wie könnte sie Ihre Beziehung beeinflussen?**

Die Wirkungen Ihrer Herkunftsfamilie reichen weit über das hinaus, was Sie an der Beziehung Ihrer Eltern beobachtet haben. Wie Ihre Eltern Sie behandelt haben, hat Ihr psychisches »Kostüm« mitgeformt. Und es gibt noch weitere Faktoren: Waren Sie ein Einzelkind? Das älteste, mittlere, jüngste Kind? Welche Beziehung hatten Sie zu Ihren Geschwistern? Gab es Onkel und Tanten?

Die Jahre, die Sie im Kreis Ihrer Familie gelebt haben, haben Sie auf vielfältige Weise geprägt. Vielleicht versuchen Sie bewusst oder unbewusst, Ihre Familie nachzubilden oder vor ihr davonzulaufen. Ihre familiären Einflüsse können für Ihren Partner oder Ihre Partnerin auch belastend sein, wenn sie keine Ahnung haben, warum Sie ein bestimmtes Verhalten von ihnen erwarten.

Halten Sie inne und überlegen Sie:
Sind Sie von Ihrem Gegenüber enttäuscht, weil es sich nicht nahtlos in die Verhaltensmuster Ihrer Familie einfügt?

Die Beziehungen innerhalb Ihrer Familie zeigen deutlich, was Ihre Erwartungen formt, aber was könnte Sie sonst noch beeinflussen? Filme und Fernsehen sind starke Einflussfaktoren, weil Sie die dort gezeigten Geschichten schon von klein auf in sich aufgenommen haben. Aber Medien folgen einem Drehbuch, sind also manipuliert. Ihr Leben nicht. Sie haben keinerlei Kontrolle darüber, was auf der Leinwand oder auf dem Bildschirm gespielt wird, aber Sie haben sehr viel Kontrolle über Ihr Leben und müssen in der Lage sein, das zu akzeptieren. Das klingt vielleicht merkwürdig, aber sehr viele Menschen akzeptieren nicht, dass sie Kontrolle haben. Sie werden schikaniert und manche rechnen sogar von vornherein damit, schlecht behandelt zu werden. Es ist, als wären sie in einem Film und der Regisseur würde ihnen sagen, wo sie sich hinstellen und was sie sagen sollen. Und in vielen Fällen ähnelt der Film einem Horrorstreifen.

Situationen können sich ändern. Wenn Sie sich also die Kontrolle zurückholen, können Sie Wege finden, um etwas zu verbessern und aus Ihrer Beziehung etwas Schönes zu machen.

Wenn Sie sich gar nicht behaupten, erzeugen Sie ein Vakuum, das Ihr Partner oder Ihre Partnerin füllen wird, weil irgendjemand ja die Kontrolle übernehmen muss. Ihr Gegenüber will diese Kontrolle vielleicht noch nicht einmal, aber es bleibt ihm nichts anderes übrig, weil Sie sie abgegeben haben.

Ich gebe Ihnen ein Beispiel: Aus irgendwelchen Gründen mögen Sie die Freunde Ihres Partners nicht und er mag Ihre auch nicht. Da Ihr Partner dauernd negative Kommentare über sie gemacht hat, laden Sie sie nie ein, aber die Freunde Ihres Partners sind ständig da. Steht denn irgendwo geschrieben, dass das so zu sein hat? Natürlich nicht. Verschaffen Sie sich Geltung! An manchen Abenden können die Freunde Ihres Partners kommen, an anderen Abenden sind Ihre Freunde willkommen. Vielleicht kann man sie sogar zusammenbringen. Aber was immer dabei herauskommt, es wird nicht entstehen, ohne dass Sie eine gewisse Kontrolle ausüben. Erlauben Sie sich nicht, das Schlechteste zu erwarten, sondern setzen Sie sich möglichst hohe Ziele.

Betrachten Sie Ihr gemeinsames Leben, und überlegen Sie, ob irgendwelche Bereiche davon nach einem schlechten Drehbuch aussehen. Wenn ja, versuchen Sie Einfluss darauf zu nehmen und die Ereignisse zu ändern. Wenn Sie Erfolg haben, wunderbar, wenn nicht, dann ist das ein Hinweis darauf, dass Sie und Ihr Partner beziehungsweise Ihre Partnerin vielleicht nicht gut zusammenpassen.

Halten Sie inne und überlegen Sie:
Haben in Ihrer Beziehung beide gemeinsam die Kontrolle oder hält einer die Zügel in der Hand?

Die Medien haben zweifellos Einfluss auf das Denken der Menschen. Als vor vielen Jahren die Hauptfigur der Serie Murphy Brown alleinerziehende Mutter wurde, war ich sehr wütend. Warum? Weil ich wusste, dass sich zahlreiche junge Frauen diese Figur anschauen und sehen würden, dass sie als alleinerziehende Mutter gut klarkam. Dann würden viele zu dem Schluss kommen, dass es keine große Sache sei, ein Kind allein großzuziehen. Aber im wahren Leben ist es hart, eine alleinerziehende Mutter zu sein. Ich weiß das, denn ich war selbst eine. Und wenn es schwierig wird, ist kein Drehbuchschreiber da, der Ihnen aus der Patsche hilft und dafür sorgt, dass alles gut ausgeht.

Viele der heutigen Shows fallen in die Kategorie »Reality TV«. Dass die Show keinem Drehbuch folgt, heißt aber noch lange nicht, dass die Produzenten nicht manipulieren, was Sie zu sehen bekommen. Das Problem bei diesen Shows ist, dass sie den Zuschauern ermöglichen, stellvertretend durch die Charaktere zu leben, statt sich der Wirklichkeit ihres eigenen Lebens zu stellen. Wenn Ihr Leben völlig reibungslos verläuft, können Sie sich gern hin und wieder etwas Reality TV gönnen. Wenn Sie aber mit Ihren eigenen Problemen zu kämpfen haben, dann arbeiten Sie lieber an deren Lösung, statt sich auszumalen, was in der nächsten Episode irgendeiner Fernsehshow passiert. Noch schlimmer ist es, wenn Sie Ihr Leben mit dem einer Figur in einer Realityshow vergleichen. Ihre Erwartungen sollten ein reales, kein imaginäres Fundament haben. Motten Sie Ihr Fernsehgerät am besten so lange ein, bis Sie Ihre Beziehungsprobleme gelöst haben. Sie brauchen keine Ablenkung, sondern sollten sich auf die Realität konzentrieren, in der Sie leben.

Halten Sie inne und überlegen Sie:
Nutzen Sie Medien dazu, Ihrer eigenen Realität zu entfliehen, statt sie in Ordnung zu bringen?

Weiter oben habe ich schon darüber gesprochen, was Ihre Beziehung ebenfalls beeinflussen könnte: Ihr Freundeskreis. Ihre Freunde sind wichtig, aber wenn Sie oder Ihr Partner morgen einen tollen Job in einer anderen Stadt angeboten bekämen, würden Sie Ihre Freizeit bald mit anderen Freunden verbringen. Damit will ich sagen, dass Freunde prima sind, aber jemand, der Ihr Lebenspartner oder Ihre Lebenspartnerin sein könnte, ist wichtiger. Erlauben Sie Ihren Freunden nicht, Ihren Partner zur Zielscheibe zu machen. Vergessen Sie nicht: Manchmal stecken hinter den Reaktionen Ihrer Freunde auch deren eigene innere Dämonen, zum Beispiel Eifersucht. Das Einzige, was zählt, ist Ihre eigene Erwartung an Ihre Beziehung. Die Entscheidung, zu bleiben oder zu gehen, können nur Sie selbst treffen. Lassen Sie also nicht versehentlich Ihre Freunde darüber mitbestimmen.

Ihr Freundeskreis kann auch Eifersucht bei Ihnen wecken. Wenn Sie mehrere Freundinnen haben, deren Ehe im Vergleich zu Ihrer Beziehung geradezu ideal wirkt, denken Sie vielleicht: »Warum kann ich nicht auch ein Leben wie … haben?« Mein Rat: Hören Sie sofort damit auf. Sie haben keine Ahnung, wie diese Beziehungen im Alltag aussehen. Manche Menschen können ihre Probleme sehr gut verbergen. Es ist deshalb ein großer Fehler, aufgrund Ihrer Sicht vom Leben einer anderen ein Urteil über Ihr eigenes Leben zu fällen. Wenn Sie zulassen, dass Neid Ihre Beziehung beeinflusst, führt das zwangsläufig ins Unglück. Wenn Sie sich umschauen, gibt es reihenweise Menschen, die reicher, klüger oder schöner sind als Sie – na und? Konzentrieren Sie sich auf Ihre Situation und Ihre Beziehung. Machen Sie Ihre Beziehung nicht kaputt, weil Sie eifersüchtig auf das sind, was andere in ihren Beziehungen scheinbar haben.

Außer dem Freundeskreis ist noch eine andere Gruppe wichtig: Ihre Kolleginnen und Kollegen. Ich empfehle immer Distanz zwischen Ihrem Privatleben und den Menschen, mit denen Sie bei der Arbeit zusammenkommen. Sie möchten in Ruhe Ihre Arbeit tun können, ohne sich darüber sorgen zu müssen, was die anderen über Sie denken. Wenn Sie Beziehungsprobleme haben, werden sie sich sowieso schon öfter in Ihre Gedanken hineindrängen, als Ihnen lieb ist. Wenn im Lauf eines Arbeitstages eine Handvoll Leute Sie fragen, wie es Ihnen geht, beeinträchtigt das Ihre Konzentration am Ende vielleicht so sehr, dass es Ihren Arbeitsplatz gefährdet.

Sie haben ganz unterschiedliche Erwartungen. Die Erwartungen an Ihren Beruf lassen sich vielleicht mit den Erwartungen an Ihre Beziehung kombinieren, aber verknüpfen Sie sie nie zu eng. Sonst besteht das Risiko, dass Sie, wenn eines kippt, alles beides verlieren: Ihre Beziehung und Ihre Karriere. Vermischen Sie deshalb beides nicht miteinander.

Sie haben vielleicht das Gefühl, ich würde das Thema Privatsphäre hier zu sehr betonen, aber in Wirklichkeit ziehe ich lediglich die Grenze wieder dort, wo sie früher immer war. Historisch gesehen, sah man auf Menschen, die ständig tratschten, schon immer herab. In der Bibel ist Klatsch sogar eine Sünde. Dennoch wusste in biblischen Zeiten jeder, dass es in der Nachbarschaft immer Klatsch und Tratsch gab, und niemand wollte, dass über ihn geklatscht wurde. Heute erfahren Hunderte von Leuten durch die sozialen Medien mehr über Sie, als ein einzelnes Klatschmaul je weiterverbreiten konnte. Ob es Ihnen gefällt oder nicht: Dieses Publikum beeinflusst Sie und Ihre Beziehung. Daher sollten Sie unbedingt versuchen, eine gewisse Kontrolle über Ihr Privatleben zu behalten. Wenn Sie der Welt von dem köstlichen Essen erzählen wollen, das Sie gestern Abend in einem neuen Restaurant gleich um die Ecke verzehrt haben – prima. Verschicken Sie ruhig Bilder von sich aus Ihrem Traumurlaub. Aber benutzen Sie einen sorgsam gewählten Filter, wenn Sie etwas über wirklich persönliche Dinge mitteilen, wie etwa Ihre Beziehung.

Als ich noch eine gut frequentierte Privatpraxis führte, hatte ich meine Räume in einem Ärztehaus. Wenn ein Freund oder Verwandter zufällig einen meiner Klienten das Gebäude betreten sah, wusste er daher nicht, ob dieser zur Augenkontrolle kam, eine Zahnfüllung brauchte oder mit mir über sein Sexleben reden wollte. Man sollte seine Privatsphäre zu schätzen wissen, denn wenn sie erst einmal dahin ist, bekommt man sie nicht mehr zurück. Und da ein Verlust der Privatsphäre es wesentlich schwerer machen kann, eine Beziehung wieder in Ordnung zu bringen, sollten Sie sie umso wachsamer schützen, je tiefgreifender Ihre Beziehungsprobleme sind.

Dr. Ruth Westheimer

@AskDrRuth

Die Privatsphäre ist ein kostbares Gut. Hüten Sie sie daher, so gut Sie können.

Und wie sieht es mit Ihren eigenen Erwartungen aus? Wie viel sind sie wert? Wenn Ihre Bedürfnisse nicht erfüllt werden, an welchem Punkt beschließen Sie dann, dass es Zeit ist, die Beziehung zu beenden? Die erste Frage, die ich dazu stellen würde, ist, wie sehr Sie an Ihren Erwartungen festhalten. Wie stark beeinflussen sie, was Sie aus Ihrem Leben machen? Nehmen wir einfachheitshalber einmal an, Sie seien verheiratet. Als Sie Ihre Hochzeit planten, hatten Sie wahrscheinlich konkrete Vorstellungen davon, wie dieser herrliche Tag verlaufen sollte, und haben sich große Mühe gemacht, um dafür zu sorgen, dass er Ihren Erwartungen auch entsprach. Aber hegten Sie auch Erwartungen in Bezug auf die Zukunft? Haben Sie mit Ihrem frischgebackenen Ehemann oder Ihrer frisch angetrauten Ehefrau darüber gesprochen? Waren Sie mit den Antworten zufrieden oder haben Sie einfach gehofft, es würde am Ende schon alles klappen?

Als Leserin oder Leser dieses Buches gehören Sie vermutlich in eine von zwei Kategorien: Menschen, die alle möglichen konkreten Erwartungen hatten, und Menschen, die einfach ganz allgemein hofften, sie würden von nun an herrlich und in Freuden leben. Ich nehme an, dass diese Erwartungen für die erste Gruppe wichtig waren. Wenn Sie beispielsweise Zeit, Geld und Mühe investiert haben, um einen Universitätsabschluss zu machen, und einen befriedigenden Arbeitsplatz gefunden haben, an dem Sie Ihr erworbenes Können anwenden konnten, haben Sie erwartet, dass Ihr Partner beziehungsweise Ihre Partnerin Ihre Karriere unterstützt. Wenn diese Person abschätzige Bemerkungen über Ihren Arbeitsbereich machen und behaupten würde, ihre Arbeit sei wichtiger als Ihre und Sie sollten Opfer bringen, die diese Person nicht zu bringen braucht, dann hätten Sie eindeutig den Eindruck, dass mit der Beziehung in puncto Erwartungen etwas ganz und gar nicht stimmt. Diese Kluft zwischen Erwartung und Realität können Sie dazu nutzen, eine Grenze zu ziehen. Wenn Ihr Mann oder Ihre Frau (und das gilt für jeden Partner und jede Partnerin in einer festen Beziehung) Sie daran hindern will, in dem von Ihnen gewählten Beruf voranzukommen, dann tolerieren Sie dieses Verhalten bitte nicht.

Falls Sie zur zweiten Gruppe gehören, kann es schwieriger sein, eine Entscheidung zu fällen. Wenn Sie nicht wussten, wie die Ehe aussehen sollte, Sie sich aber trotzdem darauf eingelassen haben, weil Sie wahnsinnig verliebt waren, sind Sie in einer Position, in der Sie eher einen Kompromiss schließen würden. Sie wären vielleicht eher bereit, den Wünschen Ihres oder Ihrer Liebsten Vorrang zu geben – und das ist nicht unbedingt schlecht, weil das eine ganz persönliche Entscheidung ist. Sie haben die Wahl. Wenn Sie kein gutes Gefühl in Bezug auf die Beziehung haben, wenn Ihre Liebe schwächer geworden oder einfach nie stark genug gewesen ist, um Sie für den Zustand Ihrer Beziehung zu entschädigen, dann müssen Sie wahrscheinlich noch einmal einen Schritt zurücktreten. Schauen Sie sich genau an, wie Ihre Erwartungen ausgesehen haben könnten. Sie müssen wissen, was Sie aufgeben, ehe Sie entscheiden können, ob es mehr Gewicht hat als die Beziehung.

Halten Sie inne und überlegen Sie:
Ist Ihnen irgendetwas bewusst, worauf Sie verzichten, um in Ihrer Beziehung bleiben zu können?

Mein Schwiegervater ist nicht zu meiner Hochzeit mit meinem Ex-Mann gekommen. Er dachte, wir seien nicht füreinander geschaffen, und wollte deshalb unserer Eheschließung nicht durch seine Teilnahme seinen Segen geben. Damals war ich offenkundig anderer Meinung als er, habe meine Sichtweise dann aber geändert. Zwischen meinem Mann und mir gab es keine Feindseligkeit, unsere Beziehung hatte nur einfach nicht genügend Substanz, dass es sich gelohnt hätte, sie aufrechtzuerhalten. Ich erkannte schließlich – und er auch –, dass sein Vater recht gehabt hatte und wir nicht gut zusammenpassten. Wir hatten uns nicht genau genug überlegt, wie wir als verheiratetes Paar leben wollten, und so war es sinnvoller, die Ehe nicht länger fortzusetzen.

Ihre Erwartungen sind wichtig, selbst wenn Sie sich ihrer nicht bewusst sind und sie erst herausfinden müssen, nachdem Sie schon Fakten geschaffen haben. Ein vages Gefühl, dass etwas zwischen Ihnen fehlt, ist kein ausreichender Grund, eine Beziehung aufzugeben. Sie müssen konkrete Punkte identifizieren, in denen es nicht gut läuft. Sie müssen wissen, welche das sind, damit Sie sehen können, ob Sie sie gemeinsam in Ordnung bringen können. Sind sie reparabel, wunderbar; wenn nicht, dann gehen Sie Ihrer Wege. Eine Bestandsaufnahme Ihrer Erwartungen gehört zum Prozess.

FINANZIELLER DRUCK

Jede Art von finanziellen Problemen wird Druck auf eine Beziehung ausüben. Wenn die Beziehung bereits einige Risse hat, können Geldprobleme sie noch breiter machen. Wenn Sie verstehen, auf welch einzigartige Weise das Thema Geld Ihre Beziehung kaputtmachen kann, werden Sie einschlägige Probleme leichter aufspüren und vielleicht auch vermeiden können.

Traditionell haben die Männer die Familie ernährt. Ihr Ego ist normalerweise stark von ihrem Job abhängig und ein Großteil ihres Status hängt ebenfalls mit ihrem Job zusammen. Wenn ein Mann seine Arbeit verliert und vor allem, wenn er lange Zeit arbeitslos bleibt, wird ihm das psychische Schwierigkeiten bereiten. So verlieren beispielsweise die meisten Männer, wenn nicht alle, in dieser Situation die Lust auf Sex. Wenn Sie das als Paar nicht wissen, können Sie beide die falschen Schlüsse ziehen, wenn es mit Ihrem Sexleben im Sturzflug nach unten geht. Eine Frau könnte denken: Er ist den ganzen Tag zu Hause, vielleicht betrügt er mich mit der Nachbarin. Der Mann wiederum kann denken: Sie hat ein bisschen zugenommen. Ich finde sie anscheinend nicht mehr attraktiv. Und beide liegen falsch.

Wenn das Ego eines Mannes verletzt ist, brennt bei ihm vielleicht schnell die Sicherung durch. Er wird sehr rasch aufbrausen und keiner von beiden versteht, warum. Die Folge ist, dass es häufiger zum Streit und dadurch zu mehr Stress in der Beziehung kommt.

Natürlich kann ich Ihrem Partner nicht helfen, einen Job zu finden, was die Situation wahrscheinlich in Ordnung bringen würde. Wichtig ist jedoch, die Ursache auftauchender Konflikte zu verstehen. Auch ist es wichtig, zu verstehen, dass Konflikte für die Aufrechterhaltung einer guten Beziehung nicht auf persönlichen Ursachen beruhen und hoffentlich vorübergehender Natur sind. Mit dieser Information können Sie beide dem Sturm trotzen. Ihr Partner ist vielleicht trotzdem deprimiert, er hat noch immer keinen Appetit auf Sex, er geht noch immer wegen jeder Kleinigkeit in die Luft – aber wenn Sie verstehen, dass der tiefere Grund dafür nicht direkt mit Ihrer Beziehung zusammenhängt, kann Ihnen das zusätzliche Geduld verleihen.

Halten Sie inne und überlegen Sie:
Könnte finanzieller Druck daran schuld sein, dass Ihre Beziehung Risse bekommt?

Wenn eine Frau ihren Job verliert, macht sie ebenfalls Bekanntschaft mit Depressionen und verringerter Libido, aber die Symptome sind vielleicht nicht so stark ausgeprägt wie bei einem Mann. Zwar arbeiten heute die meisten Frauen außer Haus, aber es gibt noch immer genügend Frauen, die nicht jeden Tag ins Büro gehen, sodass sich eine Frau wegen ihrer Situation vielleicht nicht so niedergeschlagen fühlt. Ein arbeitsloser Mann, der unter der Woche mitten am Tag Lebensmittel einkaufen geht, hat vielleicht das Gefühl, dass alle ihn anstarren und denken: Versager. Natürlich gibt es heute auch zahlreiche Väter, die zu Hause bleiben, aber dann haben sie sich meist bewusst dafür entschieden. Eine Frau fühlt sich in solchen Situationen vermutlich viel weniger fehl am Platz. Sie kann sich damit trösten, dass die meisten Menschen annehmen werden, sie sei Hausfrau und habe zu Hause Kinder, die sie betreuen muss; folglich steht ihr Ego nicht in gleicher Weise auf dem Spiel wie beim Mann.

Wie sieht es aus, wenn Sie beide arbeiten, aber dennoch dauernd knapp bei Kasse sind? Diese Situation bringt andere Arten von Druck mit sich, weil sie dauerhaft ist. Wenn jemand seine Arbeit verliert, hofft er immer, dass gleich um die Ecke eine neue Stelle auf ihn wartet. Wenn Sie jedoch beide berufstätig sind und trotzdem nicht genügend Geld nach Hause bringen, um Ihre Ausgaben bestreiten zu können, sitzen Sie vielleicht in einer aussichtslosen Lage fest. Sie finden sie hoffnungslos, es sei denn, Sie geben die Beziehung auf und suchen sich jemand Neues, mit dem Sie sich zusammentun können. Ich will nicht sagen, dass Geldsorgen zwangsläufig einen Bruch verursachen, aber sie führen wahrscheinlich dazu, dass die Möglichkeit einer Veränderung in Ihrem Kopf auftaucht. Wenn Sie sich fragen, warum Sie so in der Klemme stecken, dann könnten Sie auch damit liebäugeln, schon mal mit einem Fuß aus der Tür zu treten. Wenn das geschieht, wird die Beziehung am Ende brüchig sein, selbst wenn es so aussieht, als liefe alles andere gut.

In solchen Situationen müssen Sie sich daran erinnern, dass Sie ein Team bilden sollten. Was Sie als Team gemeinsam unternehmen, kann die Sachlage ändern. Wenn etwa einer von Ihnen noch einmal die Schulbank drücken muss, um einen besseren Job zu bekommen, kann sich das Opfer lohnen, sogar mit einem noch knapperen Budget zusammenzuleben, um eine Veränderung zu erreichen.

Dr. Ruth Westheimer

@AskDrRuth

Mit finanziellem Druck wird man als Team besser fertig.

Um als Team operieren zu können, müssen Sie beide umfassend über Ihre finanzielle Situation Bescheid wissen. Wenn sich einer von Ihnen nicht in die Karten schauen lässt und vor dem anderen verborgen hält, wie schlecht die finanzielle Lage in Wirklichkeit ist, dann ist es unmöglich, zusammenzuarbeiten, um sie wieder in Ordnung zu bringen.

Wenn Sie als Team nicht gut zusammenspielen, dann wollen Sie gewiss auch kein größeres Opfer bringen. Wenn sich so eine Situation abzeichnet, ist es besser, zunächst einmal zu entscheiden, ob man bleibt oder geht. Sie möchten ganz bestimmt nicht die Person sein, die das Opfer bringt und noch härter arbeitet, um die Weiterbildung Ihres Partners oder Ihrer Partnerin finanziell zu unterstützen, und dann am Ende erleben, dass er oder sie nach erreichtem Abschluss geht. Und wenn Sie ein Gewissen haben, möchten Sie auch nicht auf der anderen Seite dieser Gleichung stehen. Denn dann würden Sie sich vielleicht gezwungen fühlen, an einer Beziehung festzuhalten, von der Sie in der Tiefe Ihres Herzens wissen, dass sie nicht die richtige für Sie ist. (Und wenn Sie eine Zusatzausbildung machen, verändert Sie das auch; hinterher betrachten Sie Ihren Partner oder Ihre Partnerin vielleicht mit anderen Augen.)

Eine weitere finanzielle Entscheidung, die riskant sein kann, wenn Ihre Beziehung nicht gut läuft, ist das Unterschreiben jeglicher Vereinbarung, die etwas mit einem Darlehen zu tun hat. Was geschieht, wenn Sie gemeinsam eine Eigentumswohnung kaufen – und kurz darauf trennen Sie sich? Vom rechtlichen Standpunkt her gesehen müssen Sie trotzdem Ihren Anteil an dem Darlehen bezahlen. Da Sie dann aber womöglich irgendwo anders leben, müssen Sie in diesem Fall für zwei Wohnungen aufkommen. Natürlich können Sie die Eigentumswohnung irgendwann auch wieder verkaufen, aber wenn Ihr Partner oder Ihre Partnerin nicht kooperativ ist, kann der Verkauf Monate in Anspruch nehmen oder auch noch länger, je nachdem, wie es auf dem Wohnungsmarkt gerade aussieht. Ehe Sie irgendwelche einschlägigen Dokumente unterschreiben, müssen Sie sich ganz sicher sein, dass Ihre Beziehung eine solide Basis hat. Zwar kann der Boden in jeder Beziehung plötzlich brüchig werden, aber wenn Sie auch nur leise Anzeichen für eine Instabilität sehen, dann setzen Sie Ihre Unterschrift so lange unter keinen Vertrag, bis Sie die Veränderungen vorgenommen haben, die diese Basis wieder festigen.

Halten Sie inne und überlegen Sie:
Welche finanziellen Verpflichtungen haben Sie, die direkt an Ihre Beziehung geknüpft sind?

Manche Menschen haben vielleicht das Gefühl, wenn sie eine Verpflichtung wie den Kauf einer Eigentumswohnung eingehen, dann würden sie sich damit auch zu einer festen Beziehung bekennen. Sie könnten sich etwa sagen: »Er macht mir zwar keinen Heiratsantrag, aber er will mit mir zusammen diese Wohnung kaufen, also meint er es ernst mit mir.« Diese Denkweise hat zwar eine gewisse Logik, aber sie ist ein bisschen schräg. Fragen Sie sich, was ihn daran hindern würde, Sie zu heiraten, wenn er schon eine Wohnung mit Ihnen kaufen will. Ein Wohnungskauf ist etwas Geschäftliches. Das können Sie mit jedem machen, etwa auch mit Ihrem Onkel. Eigentlich sind Sie ein Liebespaar, aber er will den letzten Schritt nicht machen und Sie heiraten. Finden Sie heraus, warum. Das sage ich nicht, weil ich die Sorge habe, dass Sie ein schlechtes Geschäft machen, sondern dass Sie am Ende mit gebrochenem Herzen dastehen.

Wenn sich jemand nicht wirklich auf Sie einlässt, dann heißt das, dass es ein emotionales Vakuum gibt. Die Gefahr ist, dass jemand anders auftauchen und es füllen könnte. Er mag Sie ja offenbar wirklich gern, er verbringt gern Zeit mit Ihnen und hat gern Sex mit Ihnen, aber wenn er sich nicht sicher ist, ob er Sie wirklich liebt, dann binden Sie sich erst dann finanziell, wenn Sie den Bund der Ehe geschlossen haben.

Dr. Ruth Westheimer

@AskDrRuth

Heiraten Sie, bevor Sie gemeinsame finanzielle Verpflichtungen eingehen.

Eine weitere Schwierigkeit im Hinblick auf Finanzen entsteht dann, wenn die beiden Partner in Geldfragen nicht am gleichen Strang ziehen. Das heißt dann oft, dass der eine gern ausgibt und der andere gern spart. Diese Unterschiede sind nicht marginal. Sie sind fundamental und können sogar extrem sein.

Natürlich können Sie die Person sein, die eine extreme Neigung zum Geldausgeben hat und folglich die Quelle des Konflikts zwischen Ihnen ist. Der Weg, den Sie gemeinsam einschlagen, sollte der sein, der die geringste Uneinigkeit mit sich bringt, und der könnte so aussehen, dass Sie einen Teil Ihres Geldes zurücklegen und einen Teil ausgeben. Sind Sie derjenige, der entweder den letzten Cent ausgibt oder nie einen Cent ausgibt, dann habe ich Mitgefühl mit Ihrer Partnerin oder Ihrem Partner. Wenn ich den Rest meines Lebens mit einem solchen Menschen verbringen sollte, würde ich mir das auch zweimal überlegen. Sie sollten sich fragen, ob Sie Ihre Einstellung zum Geld auf einen gemeinsamen Nenner bringen können. Sollte Ihr Gegenüber aber eine extreme Haltung einnehmen, dann kann das so schwerwiegend sein, dass Sie sich besser zum Gehen entschließen. Nur ziehen Sie den Entscheidungsprozess nicht zu sehr in die Länge. Wenn Sie die Ansichten Ihres Partners oder Ihrer Partnerin zum Thema Geld so störend finden, dass Sie sich deswegen nicht auf ihn oder sie festlegen wollen, dann halten Sie nach jemandem Ausschau, der besser zu Ihnen passt.

Wie ich schon gesagt habe und auch weiterhin immer wieder sagen werde: Wenn Sie es mit einem Problem zu tun bekommen, von dem Sie nicht wissen, wie Sie damit umgehen sollen, und auch überlegen, ob Sie vielleicht übertrieben auf das Verhalten Ihres Partners oder Ihrer Partnerin reagieren, dann holen Sie sich Hilfe. Herrscht in Ihrer Kasse Ebbe, können Sie sich wahrscheinliche keine professionelle Hilfe leisten. Dann müssen Sie sich nach kostenloser Hilfe umschauen, vielleicht in Form eines Geistlichen, der Ihnen keine Rechnung stellt, einige Erfahrung in solchen Fragen hat und Ihre Privatsphäre schützt. Manchmal kann der Druck schon dann nachlassen, wenn Sie sich Ihr Problem von der Seele reden. Gerade wenn Sie knapp bei Kasse sind, kann es tröstlich sein, mit älteren Verwandten zu sprechen – Onkel, Tanten, Großeltern. Sie haben schon mehr Lebenserfahrung als Sie, und wenn Sie sie darum bitten, werden sie wahrscheinlich Stillschweigen über diese Gespräche bewahren. Daher können sie ein sicherer Zufluchtsort sein, an dem Sie sich kostenlos Ihre Nöte von der Seele reden können.

GEMEINSAME INTERESSEN, GEMEINSAME KONFLIKTE

Um das hier einmal klar zu sagen: Ich bin Jüdin. Ich würde mich nur mit jüdischen Männern einlassen, weil ich nur mit einem Juden verheiratet sein möchte. Meine Religion ist mir so wichtig, dass sie eine unabdingbare Voraussetzung für ein Miteinander ist. Wenn Sie feste Überzeugungen in Bezug auf Religion, Politik oder sonst etwas haben, sollten Sie sie bei den ersten Schritten hin zu einer Liebesbeziehung berücksichtigen und dabei wählerisch sein. Das soll nicht heißen, dass Menschen unterschiedlicher Religion, politischer Einstellung, Hautfarbe, ethnischer Zugehörigkeit oder Kultur keine starke, lebenslange Verbindung eingehen können. Gegensätze können sich sogar anziehen und diese Anziehung kann sehr stark sein. Aber wenn zwei Menschen auf verschiedenen Pfaden unterwegs sind, können die Unterschiede auch schwerwiegende Konflikte verursachen.

Erinnern Sie sich daran, dass dieses Buch nicht für ein liebendes Paar ist, das jede freie Minute zusammen verbringen will und nichts am jeweils anderen auszusetzen hat. Dieses Buch ist für Menschen, die sich fragen: Bleib ich oder geh ich jetzt? Vielleicht haben Ihre Unterschiede keine Rolle gespielt, als Sie sich frisch zusammentaten, sind inzwischen aber wichtiger geworden; vielleicht sind Sie über das Stadium hinausgelangt, in dem die Liebe blind macht, und die Quelle der Irritation war schon immer vorhanden, aber Sie hatten sie nicht gespürt. Oder vielleicht haben sich nach einer Weile störende Aspekte der Lebensweise Ihres Partners oder Ihrer Partnerin so gehäuft, dass sie Ihnen auf die Nerven gehen.

Außerdem kann es sein, dass sich Ihre Ansichten im Lauf der Zeit geändert haben. Manche Menschen durchlaufen eine Phase, in der Religion für sie nicht wichtig ist, und dann geschieht etwas, das sie in die Gemeinde zurückkehren lässt. Als Sie Ihren Partner beziehungsweise Ihre Partnerin kennengelernt haben, waren religiöse Unterschiede vielleicht kein großes Thema für Sie, aber sie können plötzlich zu einem gewaltigen Hindernis werden. Die Religion kann bei einer Eheschließung wichtige Konsequenzen haben. Zwar ist rechtlich gesehen die zivile Trauung notwendig, aber wahrscheinlich wird der religiöse Anteil der Trauung am Hochzeitstag eine viel größere Rolle spielen, zumal die meisten Feierlichkeiten nach der religiösen Zeremonie stattfinden und nicht nach dem Gang zum Standesamt, bei dem man den Trauschein bekommt.

Dasselbe kann auch für alle anderen Kategorien von Unterschieden gelten, wie etwa kulturelle, politische und soziale. Sie haben das Recht, Ihre Einstellung zu ändern, aber wenn Sie das tun, kann das zu einem Riss zwischen Ihnen und Ihrem oder Ihrer Liebsten führen.

Die erste Frage, die Sie sich stellen müssen, lautet, ob dieser Interessenunterschied die eigentliche Quelle eines Konflikts ist. Wenn nicht, hat dann etwas in der Beziehung Ihre Gefühle in Bezug auf etwas verändert, das Sie früher ignorieren konnten, das jetzt aber zu einem Ärgernis für Sie geworden ist?

Sagen wir beispielsweise einmal, Ihr Partner sei Brite. In der britischen Kultur kann ein Ja ein Nein bedeuten, weil diese Kultur verlangt, dass man die Gefühle des anderen nicht dadurch verletzt, dass man ihm eine Bitte abschlägt, während wir in Amerika mit unseren Antworten direkter sind. Als Sie sich die ersten Male trafen, ist Ihnen vielleicht nicht einmal aufgefallen, dass Ihr Partner zu etwas Ja gesagt und dann das Gegenteil getan hat. Daher hat dieser kulturelle Unterschied Sie nicht daran gehindert, sich zu verlieben und zusammenzuziehen. Nachdem Sie jetzt aber unter einem Dach leben, kann es Sie völlig verrückt machen, die Antworten auf Ihre Fragen nicht verstehen zu können. Dieser kulturelle Unterschied könnte die Hauptquelle Ihres Konflikts sein, aber es könnte auch um etwas völlig anderes gehen. Wie sieht es etwa aus, wenn Sie beide gern am Wochenende zu einer Party gehen, Ihr Partner aber unangenehm wird, wenn er betrunken ist? Sie könnten vorschlagen, dass Sie beide aufhören, so viel zu trinken, aber dann müssen Sie ebenfalls aufhören, und das wollen Sie vielleicht nicht. Stattdessen schieben Sie die Schuld an der Kluft, die sich immer weiter zwischen Ihnen auftut, auf irgendwelche kulturellen Unterschiede, die sogar vorhanden sein mögen. Das wahre, tieferliegende Problem ist aber die Persönlichkeitsveränderung, die bei Ihrem Gegenüber vor sich geht, wenn es zu viel getrunken hat.

Halten Sie inne und überlegen Sie:
Sind irgendwelche Konflikte, die Sie mit Ihrem Partner, Ihrer Partnerin haben, kulturell bedingt?

Konflikte färben Ihr Denken in vielfältiger Weise. Wenn Sie mit jemandem über einen Punkt streiten, werden Sie höchstwahrscheinlich auch in anderen Punkten mit dieser Person uneins sein, vielleicht sogar ganz reflexartig wie: »Wenn er diesen Wahlkandidaten unterstützt, kann etwas mit ihm nicht stimmen.« Wenn Sie in einer ernsthaften Beziehung sind, müssen Sie verstehen, was tatsächlich los ist. Bei diesem Beispiel können Sie etwa den Hintergrund Ihres Partners nicht verändern, und wenn das das Hauptproblem ist, rate ich Ihnen zu einer Trennung. Aber wenn in Ihrer Beziehung etwas anderes falsch läuft und Sie beide erkennen noch nicht, dass Sie diese Sache wieder in Ordnung bringen können, dann machen Sie sich ganz unnötig Sorgen um Ihre Partnerschaft.

Eine Beziehung zu analysieren ist ein bisschen so, als würde man ein gesundheitliches Problem analysieren. Wenn Sie darauf kommen, dass die Kopfschmerzen, unter denen Sie leiden, zu einem bestimmten Zeitpunkt angefangen haben, und zwar genau an dem Tag, als in Ihrem Büro der neue Teppichboden verlegt wurde, dann können Sie daraus ableiten, dass die Ausdünstungen Ihres neuen Bodenbelags Ihre Kopfschmerzen verursachen. Wenn Sie Ihre Beziehung analysieren, können Sie nicht einfach den Status quo anschauen und dürfen auch nicht nur beachten, was gestern Abend passiert ist, sondern Sie müssen weiter zurückschauen. Wenn Sie zwei Jahre lang sehr glücklich waren und dann Veränderungen bei Ihren Gefühlen für Ihren Partner feststellen, müssen Sie Ihre Vergangenheit durchkämmen, um zu sehen, ob ein Ereignis um die entsprechende Zeit die Veränderung bewirkt haben könnte. Es gibt keine Garantie dafür, dass Sie den Ursprung des Problems herausfinden werden oder dass es eine große

Enttäuschung und nicht vielmehr mehrere kleinere Enttäuschungen gab, die sich summiert haben, aber die Suche lohnt sich unbedingt.

Dr. Ruth Westheimer

@AskDrRuth

Wenn Sie auf Ihre Beziehung zurückblicken, können Sie leichter erkennen, in welche Richtung sie läuft.

Manche Menschen waren von Anfang an nicht füreinander bestimmt und hätten gar nicht erst ein Paar werden sollen. Wenn das auf Sie zutrifft, dann müssen Sie bis zu Ihrer ersten Begegnung zurückgehen und herausfinden, aus welchen Gründen Sie besser kein Liebespaar sein sollten.

Allerdings möchte ich klar sagen: Sie brauchen sich nicht zu gleichen wie ein Ei dem anderen, um eine wunderbare Beziehung zu haben. Zwei Menschen können Antiquitäten lieben, gemeinsam ein Antiquitätengeschäft führen und alle Tage und Nächte ihres Lebens genau damit verbringen. Die Folge wird sein, dass ihre Beziehung immens von ihrer vielen gemeinsamen Zeit profitiert. Aber sehr wahrscheinlich ist das nicht Ihre Situation; vielmehr dürften Sie beide jeweils Ihr eigenes Leben führen, das sich an bestimmten Punkten mit dem des anderen überschneidet, während ein großer Teil des Tages jedoch getrennt verläuft. Wenn Sie nicht ganz mit Ihrer Beziehung zufrieden sind, empfehle ich Ihnen, einige gemeinsame Interessen zu entwickeln, besonders, wenn Sie keine Kinder haben.

Kinder sind ein natürliches gemeinsames Interesse und können viel Zeit in Anspruch nehmen, sodass Sie wenig Gelegenheit haben, sich noch vielen anderen Dingen zu widmen. Wenn Sie jedoch keine Kinder haben, oder jedenfalls keine kleinen, dann müssen Sie Interessen außerhalb Ihres Alltags haben – vorausgesetzt, Sie wollen Ihre Lebenszeit nicht vor einem Bildschirm verschwenden. Langeweile ist tödlich für eine Beziehung (und ich meine hier nicht Langeweile im Schlafzimmer), deshalb ist es sehr wichtig, einige Interessen zu entwickeln. Und bestenfalls haben Sie an ein oder zwei dieser Interessen alle beide Freude, damit Sie sie gemeinsam pflegen können.

Zusammenzubleiben, wenn Ihre Kinder Ihr einziges gemeinsames Interesse sind, ist etwas ganz anderes. Ich bin nicht unbedingt mit dieser Linie einverstanden und denke, da wäre eine Scheidung besser. Kinder, die mit Eltern leben, die sich ständig anschreien und zanken, sind vielleicht schlechter dran als Kinder, deren Eltern nicht mehr miteinander verheiratet sind. Kinder sind wichtig bei der Überlegung, ob man gehen soll, aber für die Entscheidung, zusammenzubleiben, fallen sie nur begrenzt ins Gewicht. Wenn Kinder im Spiel sind, müssen Sie alle erdenkliche Mühe auf sich nehmen, um die Beziehung in Ordnung zu bringen. Doch wenn die Beziehung allzu unerträglich wird, dann geht es unter Umständen allen besser, wenn die Familie in zwei Teile zerfällt.

Andererseits können Sie auch den Sprung wagen und sich tiefer auf die Interessen und die Kultur Ihres Partners oder Ihrer Partnerin einlassen. Wenn er oder sie einen erheblich anderen Hintergrund hat, können Sie sich die Sprache aneignen, die Küche wertschätzen lernen, auf Landesart kochen lernen und sich in die Geschichte des Landes vertiefen. Ihr Partner oder Ihre Partnerin sollte schon allein diese Geste wertschätzen (und wenn nicht, kann das ein Zeichen dafür sein, dass Sie dieser Reaktion auf den Grund gehen müssen), und sie wird Sie auch näher zusammenbringen.

Wenn Sie verschiedene Religionen haben und nicht einer von Ihnen konvertiert, können Sie so viel wie möglich über den Glauben des anderen in Erfahrung bringen. Das würde Sie zweifellos Ihrer Schwiegerfamilie näherbringen und das ist für das Wohl einer Beziehung immer gut.

Hier ist auch ein Rat angebracht, den ich Singles gebe. Ich sage ihnen, sie sollten Dinge unternehmen, die die Wahrscheinlichkeit erhöhen, dass sie jemanden kennenlernen, dabei aber ihre Aktivitäten auch sorgfältig auswählen. Wenn sie beispielsweise an einem Volkshochschulkurs teilnehmen, der am Ende doch nicht die Gelegenheit bietet, einen Partner oder eine Partnerin kennenzulernen, dann sollte er ihnen wenigstens inhaltlich gefallen haben. Auf diese Weise zahlt sich ihre Investition auf alle Fälle aus. Dieselbe Philosophie gilt auch für jemanden in einer Beziehung, der versucht, sich für das Interesse des Partners zu erwärmen. Wenn Sie es schon immer gehasst haben, bei Sportveranstaltungen zuzuschauen, dann wird der Versuch, die Leistung des Teams Ihres Partners zu verfolgen, nur damit Sie etwas gemeinsam tun, sehr wahrscheinlich Groll in Ihnen wecken. Aber wenn Ihr Partner gern läuft und Sie haben das bisher noch nie getan, sind aber bereit, es einmal zu versuchen, dann könnte es eine positive gemeinsame Aktivität sein, zusammen für den nächsten Fünf-Kilometer-Lauf zugunsten einer guten Sache zu trainieren. Treffen Sie eine kluge Wahl, wenn Sie irgendwelche Versuche machen, einander näherzukommen. Wenn Sie sich nicht etwas suchen, woran Sie zumindest ein bisschen Interesse haben, erzeugen Sie am Ende womöglich mehr Distanz.

Ein effektiverer Weg, neue Verbindungen zu schmieden, ist es vielleicht, mit irgendeiner Aktivität neu zu beginnen. Vielleicht haben Sie beide eine Wunschliste, und wenn Sie die Listen vergleichen, finden Sie ein paar Punkte darauf, die sich überschneiden, etwa, dass Sie »Krieg und Frieden« lesen möchten. Sie könnten sich zum Beispiel das Hörbuch besorgen und es gemeinsam anhören und dann Ihre Gedanken dazu austauschen. Oder wenn Sie beide nach dem ersten Kapitel beschließen, dass es Ihnen schon reicht, dann hören Sie wieder auf. (Geben Sie die Schuld daran nicht Ihrer Beziehung, sondern Tolstoi!) Dann können Sie wieder zu Ihren Wunschlisten greifen und etwas anderes aussuchen, etwa Camping oder die Gestaltung eines Gartens.

Und wenn Sie keinen gemeinsamen Boden finden können? Wenn Ihre Wunschlisten so unterschiedlich sind, dass Sie einfach weit und breit keine Aktivität entdecken, die für alle beide interessant ist? Heißt das, Sie sind nicht füreinander geeignet? Kann sein, aber es hängt von Ihrer Persönlichkeit ab. Manche Menschen kommen auch allein sehr gut zurecht. Das bedeutet nicht, dass sie nicht gern mit anderen zusammen sind, aber es macht ihnen auch nichts aus, solo zu sein. Wahrscheinlich sind viele Einzelkinder so.

Menschen, die aus einer großen Familie kommen, fühlen sich hingegen eher wohl, wenn sie von anderen Menschen umgeben sind, und werden ein starkes Bedürfnis haben, Aktivitäten mit dem Menschen zu teilen, den sie lieben, oder manchmal auch, einfach mit ihm zusammen zu sein. Wenn sie nicht bei ihrem oder ihrer Liebsten sein können, fühlen sie sich zu anderen hingezogen. Lange Zeiten der Trennung können ihrer Beziehung schaden.

An dieser Stelle ist das Konzept der Gegensätze, die sich anziehen, nicht unbedingt stichhaltig. Wenn zwei Liebende in dem Sinne Gegensätze wären, dass sie gern Marathon läuft, während er gern dicke Bücher wie »Krieg und Frieden« liest, könnte ihre Beziehung gut laufen, solange sie genügend gemeinsame Zeit mit anderen Dingen verbringen. Aber wenn sie völlig begeistert von etwas wäre, das einen Partner erfordert, wie etwa Gesellschaftstanz, und er würde Tanzen hassen, dann haben sie vielleicht ein Problem. Wenn Sie Ihre Interessen und Ihre Kompatibilität einer Prüfung unterziehen, müssen Sie wirklich tiefer schauen und sich nicht nur die Interessen selbst ansehen. Ganz abgesehen von Ihren Hobbys und Interessen sollten Sie bedenken, dass auch Ihre einzigartigen Persönlichkeitsmerkmale einen Einfluss darauf haben, ob Sie als Paar zusammenpassen oder nicht. Nichts von dem, was Sie sagen oder tun, findet in einem Vakuum statt. Wenn Sie überlegen, ob es die passende Beziehung für Sie ist, müssen Sie sich den ganzen Kontext anschauen, um die richtige Entscheidung zu treffen.

Halten Sie inne und überlegen Sie:
Welche gemeinsamen Interessen haben Sie und Ihr Partner beziehungsweise Ihre Partnerin?

Manchmal verursachen Ihre Interessen unausweichlich Konflikte. Er ist ein fanatischer Sportfan und klebt das ganze Wochenende vor dem Fernseher? Sie würden liebend gern am Sonntagnachmittag mit ihm in ein Museum gehen oder mal zu einer Matinee, aber das kommt gar nicht in Frage, weil dann immer gerade ein großes Spiel stattfindet? Außerdem hat er nicht einfach nur momentan Spaß, wenn er Sportprogramme anschaut, sondern will sie unbedingt auch deshalb sehen, weil er dann mit seinem Vater, seinem Bruder und seinen Freunden über Sport reden kann. Er ist nicht bereit, das aufzugeben, auch wenn das in Ihren Augen Ihre Beziehung erheblich schwächt.

Sie wussten, dass er Sport liebt, als Sie ihn kennenlernten, aber zu Beginn der Beziehung war er noch zu Kompromissen bereit. Er ging am Sonntagnachmittag mal mit Ihnen Radfahren, was er jetzt, wo Sie zusammenleben, nicht mehr macht.

In solchen Situationen haben Sie mehrere Optionen. Das eine Extrem ist natürlich, sich einfach darauf einzulassen, damit Sie sich vertragen. Das andere Extrem ist, die Beziehung zu beenden. Die Optionen dazwischen würden Kompromisse verlangen. Und einen Kompromiss zu erreichen, erfordert normalerweise Verhandlungen. Um erfolgreich verhandeln zu können, entscheiden Sie, wie die kleinste Kompromisslösung aussehen würde, und fordern dann mehr, wobei Sie immer im Blick behalten, wo Ihre Untergrenze liegt. Eine solche Diskussion zu eröffnen, zwingt Sie nicht zu einer bestimmten Position, wenn Sie das nicht wollen. Sie könnten sich von vornherein entscheiden, dass Sie wegen dieses Problems nicht gehen werden, aber Sie sollten trotzdem versuchen, Bewegung in die Sache zu bringen. Wenn Sie eine Untergrenze haben, die Ihrem Gegenüber einen Kompromiss abverlangt, dann müssen Sie auch bereit sein, zu handeln. In diesem Fall müssen Sie darauf bestehen, dass es zu einer Veränderung kommt, wenn Sie den Prozess begonnen haben. Warum sollten Sie sonst überhaupt einen Anlauf nehmen?

Für Ihren Erfolg ist entscheidend, dass Sie wissen, wie gut Ihr Partner verhandeln kann. Wenn er das Gefühl hat, dass er schon beim kleinsten Entgegenkommen an Terrain verliert, kann er sich gegen jeden Kompromiss zur Wehr setzen, was zum Ende Ihrer Beziehung führen kann. Wenn das so ist, dann ist es eben so. Sie sind ja nicht besonders glücklich mit Ihrer Beziehung, wie sie jetzt ist. Wenn Ihr Partner sich weigert, irgendwelche Kompromisse einzugehen, dann ist es vielleicht das Beste, Sie gehen Ihrer Wege.

PAARPOLITIK

Wenn Sie das Wort »Politik« hören, denken Sie sofort an Wahlen, Demokratie und Regierungsbeamte. Mir geht es aber hier um Ihre Beziehung und ganz gleich, welcher Partei Sie jeweils angehören, hat die Art und Weise, wie Sie aufeinander reagieren, eine politische Komponente.

Sie kennen sicherlich den Begriff »Büropolitik«. Der eine will keine Macht abgeben, der andere schmeichelt sich immer beim Chef ein, der Dritte tut alles, um keine Verantwortung übernehmen zu müssen. Diese Interaktionstypen gibt es auch bei nur zwei Personen und ich bezeichne das gern als »Paarpolitik«.

Was die Geschäftswelt von der Welt der Politik unterscheidet, ist, dass Unternehmen versuchen, so viel Geld wie möglich aufzuhäufen, und Politiker bestrebt sind, so viel Macht wie möglich an sich zu reißen. Jeder US-Senator bekommt im Prinzip das gleiche Grundgehalt, aber manche haben wesentlich mehr Macht, als andere. Dieser Machtkampf kann auch in Ihrer Beziehung stattfinden. Als Paar haben Sie ein gewisses Maß an Macht und diese Macht wird entweder geteilt oder von einem monopolisiert.

Der alte Spruch »In der Familie hat der Mann die Hosen an« ist ein Bild für die Idee, dass er der Chef ist und sein Wort gilt. Als die Macht darauf beruhte, wer körperlich der Stärkere war, hatten die Männer die Macht, obwohl viele Frauen bald herausfanden, wie sie einen großen Teil dieser Macht an sich reißen konnten, was viele Männer gar nicht mitbekamen. Dieses Verhalten der Frauen könnte man als politischen Schachzug ansehen. Die Frauen brauchten nicht körperlich stark zu sein, sie mussten nur wissen, wie sie sich im politischen System ihrer Gesellschaft und ihrer Ehe bewegen mussten.

Heute verschwindet das Stereotyp, dass der Mann der Herr im Haus ist, allmählich, aber es ist noch nicht ganz aus der Welt. Welches Gefühl jeder von Ihnen in puncto Macht hat, wird Ihre Beziehung beeinflussen. (Ich habe ein Buch mit dem Titel »Power. The Ultimate Aphrodisiac« geschrieben, das allerdings überwiegend von berühmten mächtigen Personen handelt und nicht von den Machtkämpfen, die sich in einem Haushalt abspielen. Es ist bislang nicht auf Deutsch erschienen.) Wenn die Entscheidung ansteht, ob Sie gehen oder bleiben sollen, müssen Sie die Politik Ihrer Beziehung unter die Lupe nehmen. Das ist vielleicht gar nicht so leicht, weil der Griff nach der Macht nicht immer offen sichtbar ist.

Bei manchen Paaren ist der Mann der Mächtigere und beide Partner sind mit dieser Situation ganz zufrieden. Manche rechtfertigen es auch mit der Bibel. Wenn sowohl der Mann als auch die Frau damit einverstanden sind, ist ein solches Arrangement kein Problem. Bei einer solchen Sachlage, in der der Mann das letzte Wort hat, gelingt es der Frau oft, sich auf lange Sicht dennoch einen Anteil an der Macht zu sichern.

Auch wenn beide Partner bereit sind, die Macht zu teilen, wird dieses Thema nicht zum Problem. Probleme entstehen vielmehr dort, wo es einen Kampf um die Macht gibt, wo eine Person versucht, die andere zu dominieren. Wenn man in eine solche Situation gerät, ist manchmal die einzige Lösung, auf den Ausgang zuzusteuern. Das kann allerdings schwierig sein, wenn Sie das Gefühl haben, nicht viel Macht zu besitzen. Wenn Sie sich dominiert fühlen, kann die Entscheidung zum Gehen so schwer werden, dass Sie nicht wissen, ob Sie sie durchziehen können.

Wenn Sie in einer solchen Situation festhängen, wechseln Sie die Perspektive. Ja, Weggehen kann schwierig und sogar ein bisschen beängstigend sein, aber auf lange Sicht werden Sie wesentlich besser dran sein, wenn Sie es schaffen. Halten Sie den Blick fest auf diese neue, glücklichere Zukunft gerichtet, dann wird es Ihnen leichter fallen, eine aktuelle schwierige Lage zu meistern. Die schlimmste Haltung ist, sich in der Gegenwart elend zu fühlen und gleichzeitig zu glauben, die Zukunft sei hoffnungslos.

Wie stellen Sie fest, ob Beziehungskonflikte, unter denen Sie leiden, Zeichen für einen Machtkampf sind? Betrachten Sie sie einfach einmal unter diesem Gesichtspunkt. Vielleicht haben Sie noch nie daran gedacht, diese Art von Analyse durchzuführen. Wenn einer von Ihnen immer recht haben oder seinen Willen bekommen muss, dann stellen Sie bitte fest, woran das liegt. Wenn Ihr Partner oder Ihre Partnerin sich regelmäßig durchsetzt, dann fragen Sie sich, warum Ihre Meinung nicht zählt. Wenn Ihr Gegenüber alle Macht an sich reißen will, kommt es nicht darauf an, wie logisch Sie denken, denn der andere weigert sich hartnäckig, auch nur einen kleinen Teil der Kontrolle abzugeben. Dabei geht es Ihrem Partner nicht um das aktuelle Thema Ihrer Diskussion, sondern vielmehr darum, prinzipiell immer derjenige zu sein, der entscheidet. Es kann sogar eine Situation entstehen, in der Ihr Partner sich ins eigene

Fleisch schneidet, aber dennoch lieber im Unrecht ist und die Kontrolle behält, als zuzugeben, dass er unrecht hat und ein Stück Macht abgeben muss.

Halten Sie inne und überlegen Sie:
Hat einer von Ihnen wesentlich mehr Macht als der andere oder teilen Sie sie weitgehend?

Oft müssen Menschen, die anderen das Gefühl geben, sie seien schwach, ihre eigenen Schwächen und Unsicherheiten verdecken. Vielleicht hat ein Elternteil, ein älterer Bruder oder eine ältere Schwester sie dominiert, als sie klein waren, und sie haben beschlossen – vielleicht ganz unbewusst –, so viel Macht wie möglich an sich zu reißen, damit sie nie mehr in eine solche Lage geraten. Wenn Sie merken, dass Sie mit jemandem zusammenleben, der die Macht nicht teilen will, mit dem Sie sich höchst unwohl fühlen und der zudem nicht bereit ist, in Therapie zu gehen, dann haben Sie nur die Möglichkeit zu gehen. Einen Kompromiss zu finden, ist in diesem Fall sehr unwahrscheinlich. Daher bleibt Ihnen nur die Wahl, sich unterzuordnen oder die Beziehung zu beenden.

Manche Menschen greifen nach der Macht, weil die Erfahrung sie gelehrt hat, welche Vorteile sie hat. Dabei erkennen sie nicht einmal, dass ihr Verhalten ihre Liebesbeziehung zerstört. Sie können durchaus bereit sein, einen Teil der Macht abzugeben, wenn man sie darum bittet. Solche Menschen versuchen unter Umständen ab und zu immer wieder einmal, sich die Macht anzueignen, aber oft können Sie einen erfolgreichen Kompromiss erreichen.

Wie finden Sie heraus, wann es sich um einen Griff nach der Macht handelt? Einen häufigen, aber relativ unwichtigen Machtkampf fechten Paare um die Fernbedienung des Fernsehapparats aus. Das ist gut sichtbar, denn wer die Fernbedienung in der Hand hält, hat die Macht. Das ist eindeutig kein wichtiges Thema, aber es kann auf größere Probleme in Bereichen hindeuten, in denen es keine so offenkundigen Zeichen gibt. Worauf es wirklich ankommt, ist das Gesamtmuster. Wenn eine Person immer ihren Willen durchsetzen kann und die andere ihm deshalb grollt, dann ist das ein schwerwiegendes Beziehungsproblem. Wenn Sie einer Zukunft entgegenblicken, in der Sie nie etwas entscheiden dürfen, nicht einmal, was Sie im Fernsehen anschauen wollen, dann ist das eine Zukunft, ohne die Sie wesentlich besser dran wären.

Ein wichtiges Element von Politik ist der Kuhhandel: Du tust dieses für mich und ich tue jenes für dich. Ich möchte hier einmal klar sagen, dass ich gegen Drohungen bin. Ich möchte nicht, dass Sie jemals sagen: »Entweder du machst das und das oder ich gehe!« Wenn es zwischen Ihnen so schlecht steht, dass Sie regelmäßig so miteinander umgehen, dann ist Gehen wohl die Option, die Sie wählen sollten. Allerdings habe ich nichts dagegen, wenn Sie im Hinblick auf eine künftige, noch zu treffende Entscheidung etwas als Gegenleistung dafür anbieten, dass Sie Ihren Wunsch bewilligt bekommen. Aber tun Sie das auf höfliche Weise.

Eine solche Übung ist für eine Beziehung gesund. Sie zwingt Sie, sich Ihren Partner oder Ihre Partnerin in einem anderen Licht anzuschauen. Sie müssen über die Wünsche und Bedürfnisse Ihres Partners nachdenken, sie gegen die Ihren abwägen und entscheiden, was für Sie akzeptabel ist und was nicht.

Menschen feilschen seit Urzeiten, aber wir haben diese Fähigkeit ein Stück weit verloren. Heute geht man in ein Geschäft und findet dort an der Ware ein Etikett, das einem einen festen Preis nennt, und eine Kassiererin, die nicht die Macht hat, ihn zu ändern, selbst wenn Sie einen anderen Preis anbieten würden. In vielen Geschäften finden Sie nicht einmal mehr eine Kassiererin, weil der Bezahlvorgang automatisiert ist. Aber Menschen müssen mit anderen interagieren und verhandeln lernen. Über einen Preis debattieren und dabei freundlich und höflich bleiben ist eine wichtige Übung. Wenn Sie diese Art von Interaktion nur selten üben, dann werden Sie es aufgrund Ihrer Unerfahrenheit schwerer haben, mit Ihrem Partner zu verhandeln. Wenn Sie aber gelernt haben, wie man verhandelt, werden Sie es auch im Alltag leichter tun können. Denken Sie immer daran: Entscheidend ist, aus der Verhandlungsrunde herauszukommen und sich noch immer zu lieben. Wenn Sie nicht verhandeln können, ohne hinterher unzufrieden zu sein, dann fehlt es Ihren Verhandlungskünsten noch an Schliff.

Halten Sie inne und überlegen Sie: Wie gut sind Ihre Verhandlungskünste entwickelt?

Wenn Ihr Partner oder Ihre Partnerin sich weigert zu verhandeln und darauf besteht, seinen oder ihren Willen durchzusetzen, dann haben Sie eine weitere Lektion gelernt. Wenn Kompromisse keinen Platz in Ihrer Beziehung haben, dann ist Ihre Partnerschaft angeschlagen. So angeschlagen, dass eine Trennung ansteht? Diese Entscheidung wird noch von vielen anderen Faktoren abhängen, aber der Schaden ist dann auf alle Fälle so groß, dass eine ernsthafte Prüfung angebracht ist.

Wenn Sie noch nie mit Ihrem Partner oder Ihrer Partnerin verhandelt haben, aber herausfinden, wie das geht, verheißt das Gutes für die Beziehung im Ganzen. Es ist ein Weg zum Fortschritt in allen Bereichen, an denen Sie arbeiten müssen.

Halten Sie inne und überlegen Sie:
Führen Sie und Ihr Partner beziehungsweise Ihre Partnerin erfolgreiche Verhandlungen oder hat einer von Ihnen immer recht?

Ich bekomme sehr viele Fragen von Menschen, die ihre Emotionen aus dem Verhalten ihres Partners ableiten, obwohl es tatsächlich gar keinen Grund dafür gibt. Beispielsweise verlieren Männer, wenn sie älter werden, die Fähigkeit, aufgrund äußerer Stimuli schnell eine Erektion zu bekommen, etwa durch den Anblick einer nackten Frau, und brauchen dafür körperliche Stimulation. Anders gesagt, brauchen Männer ab einem gewissen Alter ein Vorspiel, genau wie Frauen auch. Wenn ein Mann, bei dem sich diese Veränderung gerade vollzieht, eine Frau hat, die von dieser natürlichen Entwicklung nichts weiß, kann sie zu dem Trugschluss gelangen, dass er sie nicht mehr attraktiv findet, vielleicht weil sie ein paar Pfund zugelegt hat. Doch die Tatsache, dass er nicht mehr automatisch eine Erektion bekommt, wenn er sie nackt sieht, hat nichts mit ihr zu tun; er macht eine körperliche Veränderung durch. Sie sollten also Dinge nicht automatisch persönlich nehmen und keine voreiligen Schlüsse ziehen.

Beim Verlust von psychogenen Erektionen (das ist der Fachbegriff für eine Erektion, die ohne physische Reize entsteht) können die Missverständnisse zwischen Mann und Frau rasant zunehmen. Sie denkt vielleicht, er werde nicht mehr von ihrem Körper erregt, weil er eine Affäre mit seiner neuen Angestellten hat; das wiederum kann eine Kettenreaktion auslösen, die zur Trennung führt. Wenn er nicht versteht, was mit seinem Körper geschieht, kann auch er falsche Schlüsse ziehen und glauben, seine Frau habe ihren Reiz für ihn verloren, sodass er vielleicht eine Affäre mit einer Kollegin beginnt.

Natürlich kann eine Kränkung auch persönlich sein. Wenn der Mann losgeschickt wird, um einen Geburtstagskuchen zu besorgen, und kommt mit Erdbeertörtchen zurück, obwohl er weiß, dass seine Frau auf Erdbeeren allergisch ist, dann regt sie sich mit gutem Grund auf. Aber ganz allgemein sollten Sie keine vorschnellen Schlüsse ziehen, weil Sie dann über manche Situationen viel schwerer verhandeln können.

Dr. Ruth Westheimer

@AskDrRuth

Ziehen Sie keine voreiligen Schlüsse, solange nicht alle Fakten auf dem Tisch liegen.

Damit ein politisches System funktionieren kann, müssen beide Seiten kommunizieren. Wenn Sie aufhören miteinander zu reden, weil Sie wegen irgendeiner Kleinigkeit Streit haben, kann der Riss zwischen Ihnen immer größer werden, bis die kleine Kränkung sich zu einem richtigen Krieg ausgewachsen hat. Wenn Sie einen Streit haben, müssen Sie an den Verhandlungstisch zurückkehren. Sie müssen einander erklären, was Sie jeweils gedacht haben, und bereit sein, zu vergeben und zu vergessen. Sie haben beide ein Interesse daran, dass Ihre

Beziehung gut läuft, deshalb ist es wichtig, zu lernen, wie Sie Ihre Emotionen so steuern können, dass das auch klappt.

Wenn Sie nach einem Streit keinen Kompromiss erreichen können, ist das ein schlechtes Zeichen. Der Grund dafür hat vielleicht gar nichts mit dem zu tun, worüber Sie sich gestritten haben. Viel eher ist ein tieferliegendes Problem in Ihrer Beziehung die Ursache dafür, dass der Streit weiterschwelt. Und das muss gelöst werden, wenn die Beziehung weiterbestehen soll.

In der italienischen »Commedia dell'arte« trugen die männlichen Schauspieler, die Frauen darstellten, Masken. Italiener legen selbst heute noch figurative Masken an und übertreiben gern die Intensität ihrer Emotionen, sodass bei einem Streit ein kleiner Ärger zu geräuschvollem Theaterdonner führen kann, der aber in Wirklichkeit nur zur Maske gehört. Wenn eine solche Übertreibung Teil Ihrer Kultur ist, dann sind auch kulturelle Normen vorhanden, die alles wieder in die Normalität zurückführen. Die meisten Menschen werden jedoch, wenn der Partner bei einem Streit die »Wutmaske« aufsetzt, obwohl er gar nicht wütend ist, den Ausbruch für bare Münze nehmen und als echte Wut interpretieren, besonders, wenn es in der Beziehung schon ein paar Reibereien gab. Sie müssen dann lernen, die Temperatur beim Streiten herunterzudrehen, nicht hochzujagen.

Doch ganz gleich, welchen kulturellen Hintergrund Sie haben: Ihre Einstellung zum Streit wurde wahrscheinlich größtenteils dadurch geprägt, dass Sie als Kind Streit zwischen anderen Familienmitgliedern miterlebten, besonders bei Ihren Eltern. Wenn es laut zuging und man einander anschrie, dann wird das auch bei Ihnen die natürliche Reaktion sein. Wenn die

Norm war, dass Ihre Mutter den Raum verließ und sich in ihrem Zimmer einschloss, dann tun Sie vielleicht dasselbe, um einem handfesten, endlosen Streit aus dem Weg zu gehen. In der einen Familie wurde bei einem Streit vielleicht herzhaft geflucht, während die Eltern in einer anderen Familie niemals fluchten, besonders vor den Kindern nicht. (Manche Eltern streiten auch nie vor den Kindern, sodass sie ihnen kein Rüstzeug an die Hand geben, wie sie als Erwachsene Konflikte lösen können.)

Wenn Sie und Ihr Partner oder Ihre Partnerin aus Familien kommen, in denen sehr unterschiedlich gestritten wurde, dann werden Ihre Reaktionen auf Auseinandersetzungen auch grundverschieden sein. Der eine hebt vielleicht die Stimme, weil das zu Hause so war, aber für den anderen kann eine erhobene Stimme schockierend sein, was dazu führt, dass er in Tränen ausbricht, statt zurückzubrüllen. Wenn einer die Kampfarena verlässt, kaum dass ein Streit begonnen hat, kann das für einen Partner frustrierend sein, der gewohnt ist, eine Auseinandersetzung bis zum bitteren Ende durchzufechten.

Daher bitte ich Sie eindringlich, in einem ruhigen Moment mit Ihrem Partner oder Ihrer Partnerin darüber zu sprechen, welche Art von Streitstil Sie geerbt haben. Fragen Sie einander, wie in der Familie des anderen gestritten wurde, welche Regeln es gab und wie sich die Einzelnen verhielten. Jedes Paar streitet sich hin und wieder, und die Regeln des Partners zu verstehen ist sehr wichtig, damit sich die Missverständnisse in Grenzen halten.

Halten Sie inne und überlegen Sie:
Haben Sie und Ihr Partner oder Ihre Partnerin schon einmal darüber gesprochen, welches Verhalten bei einem Streit angemessen ist?

Zunächst einmal ist es besser, nicht allzu heftig zu streiten. Wenn Sie merken, dass ein Streit hitzig wird, machen Sie eine Pause, verziehen Sie sich in Ihren jeweiligen Winkel und denken Sie darüber nach, wie Sie sich wirklich fühlen. Dann versuchen Sie die Sache zivilisiert beizulegen. Leichter gesagt als getan? Mag sein. Aber wenn Ihnen Ihre Beziehung etwas wert ist, dann müssen Sie bereit sein, die nötige Mühe hineinzustecken. Denken Sie daran, dass diese Mühe mehrere Formen haben kann: etwas nicht tun oder etwas anderes tun.

Dr. Ruth Westheimer
@AskDrRuth

Etwas nicht zu tun, kann ebenso wichtig sein, wie etwas anderes zu tun.

Wenn bei einem der beiden schnell die Sicherung durchbrennt und jede Meinungsverschiedenheit in einen Streit mündet, dann ist vielleicht ein professionelles Anti-Aggressions-Training angemessen. Wenn Sie regelmäßig das Opfer solcher Wutausbrüche werden, müssen Sie sich eventuell allmählich einen Ausweg überlegen. Sie sollten nicht verbal »verprügelt« werden, denn dafür bezahlen Sie einen hohen Preis, und das dürfen Sie nicht zu lange zulassen.

Wenn Sie schon stark auf kleinste Meinungsverschiedenheiten reagieren und sich ducken, ehe Ihnen überhaupt hässliche

Worte entgegengeschleudert werden, sind Sie in einer Beziehung, die aufhören muss. Ihre psychische Struktur wird verändert, Sie werden darauf konditioniert, sich auf Wutanfälle gefasst zu machen, und so können und wollen Sie Ihr restliches Leben sicher nicht verbringen. Wenn Ihr Partner oder Ihre Partnerin bereit ist, sich Hilfe zu holen, können Sie abwarten und schauen, ob das etwas bringt. Aber wenn nicht, müssen Sie schleunigst handeln.

Halten Sie inne und überlegen Sie:
Ducken Sie sich schon, ehe ein Streit überhaupt begonnen hat?

Menschen sind politische Wesen und können aufgrund ihrer Überzeugungen auf eine bestimmte Weise reagieren, genau wie die Anhänger der einen oder der anderen politischen Partei. Wenn Sie ein Paar sind, sollten Sie aber in Liebe verbunden sein, und Liebende bringen Opfer füreinander. Es ist wichtig, dass Sie merken, wann die Politik Ihrer Beziehung Sie zu einem Gegner statt einem Liebenden macht. Wenn Sie den Sprung zurück zum Liebenden nicht schaffen, dann ist Ihr nächster Zug vielleicht der Auszug.

WENN IHR JOB ZUM HINDERNIS WIRD

Moderne Gesellschaften haben sich ganz darauf eingestellt, dass die meisten Frauen berufstätig sind. Die verschiedenen Länder haben eine Reihe von Gesetzen zu Mutterschutz und Mutterschaftsurlaub erlassen. Die Vereinigten Staaten bleiben nicht nur hinter vielen dieser Länder zurück, sondern haben auch nicht dafür gesorgt, dass Frauen den gleichen Lohn für ihre Arbeit erhalten wie Männer (ganz zu schweigen davon, dass eine gläserne Decke einen Aufstieg in Spitzenpositionen bremst). Die Gesellschaft verändert sich, und ich hoffe, dass Frauen irgendwann nicht mehr wie Bürger zweiter Klasse behandelt werden. Doch im Augenblick müssen sich Paare auf die derzeitige Wirklichkeit einstellen, die zumindest im Fluss ist. Ohne brauchbare kulturelle Normen, auf die sie sich berufen können, sind Paare gezwungen, ihre eigenen Regeln zu erfinden, was oft zu einer Verwirrung führen kann, die eine Beziehung belastet.

Weil es keine allgemeingültigen Regeln gibt, haben Paare die Freiheit, sich so zu arrangieren, wie sie das möchten. Wenn eine Frau in einem Beruf arbeitet, der genauso viel Zeit in Anspruch nimmt wie der ihres Mannes, und dennoch zusätzlich den größten Teil der Hausarbeit am Hals hat, ist sie offenbar bereit, diese Situation zu tolerieren – es zwingt sie schließlich niemand zum Bleiben. Das ist nicht das, was Sie hören wollten? Ich sage nicht, diese Situation sei gut. Was ich sage und immer wieder gesagt habe, ist vielmehr, dass Sie in einer solchen Situation nicht zulassen sollten, dass Gruppendruck – von der Familie, von Freunden oder der Gesellschaft im Allgemeinen – Sie in die eine oder die andere Richtung zwingt. Wenn Ihre Freundin sagt: »Heißt das, dass du ganz allein sauber machst, Wäsche wäschst und kochst? Das ist ja unerhört!«, dann sagen Sie ihr, sie solle sich um ihre eigenen Angelegenheiten kümmern. Wenn Sie Ihren Mann lieben und das Gefühl haben, dass Ihnen diese Beziehung so viel gibt, dass sie Ihnen die zusätzliche Arbeit wert ist, dann ist das Ihre Entscheidung. Und dasselbe gilt für einen Mann, der das Angebot seines Freundes, mit ihm zu einer Sportveranstaltung zu gehen, ablehnt, weil er für die Wäsche zuständig ist. Nur Sie können entscheiden, wie die richtige Entscheidung für Sie aussieht.

Allerdings müssen Sie eine Entscheidung treffen. Wenn Sie in einer unfairen Situation stecken und damit nicht glücklich sind und sich frustriert fühlen, dann sollten Sie darüber nachdenken, ob es nicht Zeit ist, sie zu verlassen. Denken Sie daran, dass es keine Grundregeln mehr gibt. Frauen blieben früher zu Hause, während Männer zur Arbeit gingen, aber diese Tage sind längst vorbei. Sie müssen Ihre Rolle in Ihrer Beziehung auf den Prüfstand stellen, um zu entscheiden, ob sie gerecht ist oder nicht. Wenn sie ungerecht ist, dann überlegen Sie, ob sie so ungerecht ist, dass es sich lohnt, sich deshalb zu trennen. (Noch einmal: Nur Sie entscheiden, ob sie gerecht ist, nur Ihre Reaktion zählt.)

Ich weiß, einige Feministinnen werden nicht mit mir einverstanden sein und einer Frau sagen, sie müsse fordern, dass ihr Mann den gleichen Anteil an der Hausarbeit übernimmt.

Meine Einstellung, dass man in diesem Punkt nicht so rigoros sein sollte, kommt teilweise daher, dass ich Sexualtherapeutin bin. Frauen brauchen im Allgemeinen länger als Männer, um zum Orgasmus zu kommen, und ich sage, ein Mann muss sich so viel Zeit nehmen, wie seine Partnerin braucht, um ihr zu sexueller Befriedigung zu verhelfen. Welche Situation wäre weniger fair: dass er mehr Zeit und Mühe aufwenden muss, als er selbst für eine sexuelle Befriedigung braucht, oder dass sie keinen Orgasmus bekommt? Ich hoffe, wenn Sie über diese Frage nachdenken, kommen Sie zu dem Schluss, dass Fairness manchmal nichts mit diesen Dingen zu tun hat. Ich sage nicht, Sie sollten eine unfaire Situation dulden, aber ich sage, dass Ihnen Ihre Entscheidung nicht durch eine Einflussnahme von außen aufgezwungen werden sollte. Es kann auch sein, dass Ihre Liebe zu Ihrem Partner Sie dazu bewegen kann, eine unfaire Situation zu akzeptieren.

Halten Sie inne und überlegen Sie:
Erlegt Ihnen Ihre Beziehung eine unfaire zeitliche Belastung auf?

Das Thema Ungerechtigkeit ist besonders wichtig, wenn die ungleiche Verteilung von Hausarbeit oder Kinderbetreuung Ihre Karriere bedroht. Wenn Sie zu erschöpft sind, um bei der Arbeit Ihre volle Kraft einsetzen zu können, wenn Sie das Gefühl haben, Sie müssten Ihren Arbeitsplatz notgedrungen früh verlassen, um nach Hause zu gehen und das Abendessen zu kochen, dann müssen Sie diese Faktoren gegeneinander abwägen. Ist Ihnen dieser Job wirklich wichtig? Ist es einer, der Ihren weiteren Berufsweg positiv beeinflussen wird, wenn Sie mit allen Herausforderungen fertigwerden? Wenn Sie nicht hundertprozentig dahinterstehen, dass Sie den Rest Ihres Lebens mit Ihrem Partner oder Ihrer Partnerin zusammen verbringen wollen, und er oder sie behindert den Berufsweg, in den Sie investiert haben, dann kann das ein ausreichender Grund für eine Trennung sein.

Halten Sie inne und überlegen Sie:
Sollten Sie Ihrem Job Vorrang vor Ihrer derzeitigen Beziehung einräumen?

Diese Situationen sind vielleicht eindeutig, und die Entscheidung mag schwierig sein, aber auf der Hand liegen. Aber wie sieht es aus, wenn Sie in einer Grauzone sind? Was ist, wenn es sowohl für das Bleiben als auch für das Gehen Pro und Kontra gibt? Dieses Kapitel handelt von Ihrem Job, da könnten Sie die Sache ja auch einmal unter finanziellen Gesichtspunkten durchdenken. Nehmen wir an, Ihre Jobs sind jeweils wichtige Sprossen auf der Erfolgsleiter, und Ihre Beziehung hält Sie davon ab, so weit hinaufzuklettern, wie Ihr Potenzial es Ihnen erlauben würde. Rechnen Sie also aus, wie viel Geld es Sie auf die nächsten zwanzig oder mehr Jahre gesehen kosten würde, wenn Sie diesen Job verlieren oder bei den Beförderungen übergangen würden: 100 000 Euro, 500 000 Euro oder sogar noch mehr? Vielleicht können Sie für Ihre Liebe keinen Preis angeben, aber wenn Sie an Ihrer Liebesbeziehung zweifeln oder wenn sie aus Gründen, die nichts mit Ihrer Arbeit zu tun haben, wahrscheinlich nicht halten wird, dann kann es Grund genug für eine Trennung sein, sich dieses potenziell verlorene Einkommen vor Augen zu führen.

Dr. Ruth Westheimer

@AskDrRuth

Mit Geld können Sie keine Liebe kaufen, aber das heißt nicht, dass Sie nicht die Kosten dieser Liebe unter die Lupe nehmen sollten.

Noch einmal: Wenn Sie dieses Buch lesen, weil Sie sich einfach nicht sicher sind, was Sie tun sollen, könnte es Ihnen die Entscheidung, ob Sie bleiben oder gehen sollten, leichter machen, wenn Sie sie an einer bestimmten Summe festmachen. Das ist nicht haarsträubend, sondern praktisch. Sie müssen eine Entscheidung treffen und Ihre finanziellen Interessen sollten in Ihre Gesamtkalkulation einfließen.

Für die wahre Liebe Opfer zu bringen, kann sich lohnen und es rechtfertigen, ihr Vorrang vor Ihrer Karriere zu geben. Aber wenn Sie nicht sicher sind, ob Sie sehr lange in dieser Beziehung bleiben, dann sollte vielleicht Ihr Beruf an erster Stelle stehen. Vielleicht fahren Sie am Ende mit einem harten Bruch besser. In einer Beziehung hängen zu bleiben, die Ihrer Karriere schadet, ist unklug. Es gibt noch andere potenzielle Partner auf der Welt, Sie werden nicht den Rest Ihres Lebens allein sein. Wenn Sie eine Entscheidung treffen müssen, dann tun Sie das lieber früher als später, sonst verlieren Sie am Ende die Beziehung und schaden gleichzeitig Ihrer Karriere.

Auch Ihr Gehalt kann Ihre Beziehung beeinflussen. Vielleicht folgt beispielsweise einer von Ihnen seinen Träumen und arbeitet als Künstlerin oder Schriftsteller, verdient dabei aber nicht viel Geld, sodass der andere zu Mehrarbeit gezwungen ist, damit die Rechnungen bezahlt werden können. Das ist ein Opfer, besonders dann, wenn die Person, die das Geld verdient, ihren Job nicht wirklich liebt.

Wie schon gesagt, ist das nur dann ein Problem, wenn Sie das Gefühl haben, es sei eines. Wenn Ihre Eltern sagen: »Warum bleibst du mit diesem Faulenzer verheiratet, der sich seinen Lebensunterhalt nicht verdient?«, dann braucht Sie diese Frage nicht zu beeinflussen. Wenn Sie diesen »Faulenzer« lieben und er liebt Sie auch, dann ist das das Einzige, was zählt. Aber wenn es Sie selbst stört, dass Sie allein den Lebensunterhalt verdienen, und Sie sich gelegentlich fragen, warum Sie eigentlich in dieser Beziehung leben, dann zaudern Sie nicht mehr, sondern gehen Sie. Oder entscheiden Sie sich zum Bleiben und hören Sie auf, sich mit Zweifeln an der Beziehung verrückt zu machen.

Manche Paare arbeiten zusammen. Wenn sie Beziehungsprobleme haben, die so schwerwiegend sind, dass sie zu einem Bruch führen, dann tut ihnen das nicht nur im Herzen, sondern auch im Geldbeutel weh. Wenn das bei Ihnen so ist, dann schauen Sie sich die Gesamtlage an und überlegen Sie, ob die Ursache Ihrer Beziehungsschwierigkeiten in Ihrer Zusammenarbeit oder zu viel gemeinsam verbrachter Zeit liegen könnte. In einer solchen Situation lässt sich Ihre Beziehung manchmal durch eine Trennung Ihrer beruflichen Wege retten. Wie sehr Sie sich lieben, spielt dabei keine Rolle. Ihre Beziehung kann unter so großen Druck geraten, dass sie einfach gar nicht Bestand haben kann, und zusammen zu arbeiten, kann sehr viel Stress erzeugen. Vielleicht war Ihnen das gar nicht so klar. Oder Sie haben sogar gedacht, es sei wunderbar, dass Sie so viel Zeit zusammen verbringen können, aber es ist vielleicht nicht das Beste für Ihre Beziehung. Ihre Persönlichkeit erfordert möglicherweise, dass Sie ein bisschen mehr Luft zum Atmen haben, und jeden Tag 24 Stunden gemeinsam zu verbringen, engt Sie zu sehr ein. Oder vielleicht ist Ihr Partner bei geschäftlichen Entscheidungen sehr dominant. Wenn Sie in sein bereits vorhandenes Geschäft eingestiegen sind, dann müssen Sie sich unter Umständen eine Stelle suchen, die Ihnen mehr Freiheit bietet, sich selbst auszudrücken. Hören Sie jedenfalls auf, zusammen zu arbeiten, und schauen Sie, was passiert. Wenn die Beziehung trotzdem in die Brüche geht, führt das wahrscheinlich sowieso zu einem getrennten Berufsleben, da können Sie doch ebenso gut gleich mit diesem ersten Schritt beginnen, oder?

Dr. Ruth Westheimer

@AskDrRuth

Zusammen zu arbeiten, mag romantisch erscheinen, aber es kann Ihnen auch die Luft zum Atmen nehmen.

Wenn Sie über Ihre Arbeitszeit nachdenken, müssen Sie auch den Arbeitsweg mitberücksichtigen. Ein langer Weg zur Arbeit, zweimal am Tag, kann ebenso belastend sein wie ein Job, in dem Sie viele Stunden arbeiten müssen, besonders, wenn Sie beide einen weiten Weg und lange Arbeitszeiten haben. Auch das ist ein Thema, bei dem Sie abwägen müssen. Stellen Sie sich ein paar wichtige Fragen: Warum wohnen Sie so weit von Ihrem Arbeitsplatz weg? Beruht das einzig auf Ihrer Entscheidung oder hat Ihr Partner beziehungsweise Ihre Partnerin Vorteile davon, unter denen Sie leiden?

Halten Sie inne und überlegen Sie:
Wie beeinflusst Ihr langer Weg zur Arbeit Ihre Beziehung?

Alles, was den Stress in Ihrem Leben erhöht, steigert auch den Stress für Ihre Beziehung. Könnte ein kürzerer Weg zur Arbeit in irgendeiner Weise Ihre Beziehung retten? Ganz entschieden ja. Sie kennen den Spruch vom Tropfen, der das Fass zum Überlaufen bringt? In Bezug auf Stress heißt das: Wenn Sie schon hart an der Grenze sind, fehlt nicht mehr viel und Sie landen im Aus. Aber wenn Sie Ihren Stress reduzieren können, indem Sie etwas so Triviales tun, wie Ihren Weg zur Arbeit zu verkürzen, dann braucht Ihre Beziehung vielleicht nicht in einer Katastrophe zu enden.

Eine Berufstätigkeit kann Ihre Beziehung auch noch auf andere Weise beeinflussen, nämlich, wenn Sie Ihre Arbeit mit nach Hause bringen. Die offenkundigste Wirkung Ihres Berufes auf Ihr häusliches Leben zeigt sich, wenn Sie sich nach dem Heimkommen gleich Ihr Smartphone schnappen und anfangen, berufsbezogene E-Mails und SMS zu verschicken, ehe Sie überhaupt Ihren Partner oder Ihre Partnerin begrüßt haben. Und wenn Sie das alle beide machen, ist das keinen Deut besser! Ein weiterer Aspekt Ihrer Beziehung zwischen Arbeit und Privatleben zu Hause ist Ihr Verhalten und das Ihres Partners. Es kann gut sein, dass Sie im Büro ein Pokerface zeigen. Vielleicht haben Sie Mitarbeiter, die Ihnen unterstellt sind, oder Ihr Arbeitgeber stützt sich so sehr auf Sie, dass Sie sich während der Arbeitszeit stark beherrschen müssen. Aber wieder zu Ihrem wahren Selbst zurückzufinden, wenn Sie nach Hause kommen, kann schwierig sein. Vielleicht fauchen Sie Ihren

Partner an oder er spricht barsch mit Ihnen. Es kann eine Weile dauern, bis der Stress, den Sie beide im Lauf des Tages aufgebaut haben, wieder abnimmt.

Halten Sie inne und überlegen Sie: Bringen Sie das Büro innerlich mit nach Hause?

Einfach zu erkennen, was da vor sich geht, kann schon genügen, um dieses spezielle Thema aus der Welt zu schaffen, aber Sie könnten auch einen Plan und etwas Anstrengung brauchen, um Ihre Arbeit im Büro zu lassen. Sie haben vielleicht gehört, die Liebe sei stark, aber sie kann auch zerbrechlich sein. Sie haben sich sicherlich beide in jemanden verliebt, als er gerade nicht in seine Arbeitsplatzrüstung eingesperrt war. Aber jetzt müssen Sie erkennen, dass diese Rüstung da ist und dass sie gar nicht so schnell abzulegen ist und negative Auswirkungen auf Ihre Beziehung hat.

In diesem Kapitel habe ich mehrmals das Wort »Karriere« gebraucht, aber viele Jobs sind lediglich Zwischenschritte auf dem Weg zum Lohnzettel. Wenn Sie oder Ihre Partnerin bei der Arbeit unglücklich sind, dann wird sich das auch negativ auf Ihre Beziehung auswirken. Wenn es einfach nur ein Job ist, dann müssen Sie alles in Ihrer Macht Stehende tun, um daran etwas zu verändern. Vielleicht müssen Sie sogar vorübergehend mit einer schlechteren Bezahlung vorliebnehmen, damit Sie Ihre gut funktionierende Beziehung nicht ruinieren. Und auch wenn Sie Ihre Arbeit nicht mögen und eine dunkle Wolke mit nach Hause bringen, in die Sie Ihren Partner einhüllen, fangen Sie bitte unverzüglich an, eine neue Stelle zu suchen. Selbst wenn Sie sechs Monate brauchen, bis Sie den Wechsel vollziehen können, kann schon allein das Wissen, dass es ein Licht am Ende des Tunnels gibt, für Ihre Beziehung hilfreich sein. Wenn Ihr Partner oder Ihre Partnerin versteht, warum Sie zu Hause so trübsinnig sind, weiß, dass er oder sie keine Schuld daran hat, und außerdem schon ein bisschen was von dem hellen Licht in der Zukunft abbekommt, dann stärkt das Ihre Beziehung ganz erheblich.

Dr. Ruth Westheimer

@AskDrRuth

Wenn Ihr Job Ihre Beziehung zu stark strapaziert, dann schauen Sie sich nach einem neuen um.

Jetzt komme ich zu einem Fall, in dem die Scheidungsrate von 50 Prozent, die immer wieder genannt wird, Schaden anrichten kann: Wenn Sie Ihre Beziehung nämlich als Wegwerfbeziehung betrachten, dann könnten Sie leicht zu dem Schluss kommen, dass Ihr Job mehr wert ist als sie. In manchen Fällen mag das stimmen, in den meisten Fällen aber hoffentlich nicht. Ihre Beziehung sollte für Sie an erster Stelle stehen, und Sie sollten sich alle Mühe geben, den Schaden, den Ihr Arbeitsleben in Ihrem Liebesleben anrichtet, so gering wie möglich zu halten.

Und wenn Sie in einem Job festsitzen, den Sie hassen? Vielleicht haben Sie gesundheitliche Probleme und brauchen den Krankenversicherungsschutz, den Ihr Job mit sich bringt. Oder es gibt in Ihrer näheren Umgebung keine anderen genauso gut bezahlten Jobs. Vielleicht warten Sie darauf, dass Ihr Vorgesetzter in drei Jahren in den Ruhestand geht und Sie dann seine Stelle übernehmen können. Es ist möglich, dass es – aus welchem Grund auch immer – keine Option ist, von Ihrer Stelle wegzugehen. Wenn Ihr Job einen Tribut von Ihrem Liebesleben fordert, haben Sie ein großes Problem. Der beste Rat, den ich Ihnen geben kann, ist dann, sich etwas mehr Mühe zu geben, damit die Beziehung gut läuft. Ist es fair, dass Sie diese zusätzliche Bürde auf sich nehmen müssen? Nein, durchaus nicht, aber wenn Sie nicht nur einen miesen Job haben, sondern obendrein noch Ihre Beziehung verlieren, wird es noch schlimmer. Retten Sie also, was Sie retten können.

Das Leben ist nicht immer gerecht. Ich wollte ganz gewiss nie ein Waisenkind werden oder bei 1,40 Meter aufhören zu wachsen. Aber um das Beste aus Ihrem Leben zu machen, müssen Sie oft etwas mehr Mühe aufwenden, um das Gute zu erwischen, das Ihnen über den Weg läuft. Wenn Sie sich in Ihrem Elend suhlen, wird es nur noch schlimmer. Und wissen Sie was? Wenn Sie mit Ihrem Partner oder Ihrer Partnerin ausgehen, obwohl Sie müde und gestresst sind, wette ich, dass die Belohnung der Mühe wert ist. Manchmal muss man sich dazu zwingen, das Leben zu genießen.

DIE FERNBEZIEHUNG

Es gibt zwei Hauptarten von Fernbeziehungen: solche, bei denen die Dauer der Trennung von vornherein feststeht, und solche, bei denen sie ungewiss ist. Beide sind schwierig zu handhaben, aber die mit dem offenen Ende können besonders schwierig sein.

Manche Menschen – zum Beispiel Paare, bei denen einer beim Militär ist – gehen die Beziehung in dem Wissen ein, dass sie immer wieder für lange Zeit getrennt sein werden, und akzeptieren das auch. Solche Paare sind nicht gegen Schwierigkeiten immun, aber vom psychologischen Standpunkt her ist es leichter: Sie arrangieren sich mit einer Beziehung, weil Sie von vornherein eine bestimmte Lebensweise bejaht haben und es hinterher weniger Kritik daran gibt.

Wenn die Dauer der Fernbeziehung feststeht, sagen wir, für die Jahre bis zum Hochschulabschluss, dann macht das Wissen, dass Sie irgendwann schließlich nah beieinander leben können, die Trennung leichter erträglich. Beide Partner haben etwas, woran sie sich festhalten können.

Dr. Ruth Westheimer

@AskDrRuth

Wenn eine Fernbeziehung auf einen festgelegten Zeitraum begrenzt ist, lässt sich die Trennung leichter ertragen.

Viele Fernbeziehungen ohne eine klare zeitliche Begrenzung gehören zum Typ »mal zusammen, mal getrennt«, wie die Familien von Militärangehörigen, bei denen derjenige, der dient, für lange Zeiten in den aktiven Einsatz weggeht, oder die Familien von Fernfahrern, die mehr unterwegs als zu Hause sind. Heutzutage, wo es Skype und andere Videotelefonie-Apps gibt, haben Familien zumindest die Möglichkeit zu einer wesentlich besseren Kommunikation als früher. Aber diese Kommunikationsmittel können das Fehlen körperlicher Nähe natürlich nicht wettmachen.

Ich schreibe dieses Buch für Menschen, die in Erwägung ziehen, ihre Beziehung zu beenden. Wenn man in einer langfristigen Fernbeziehung in dieser Situation ist, dann kann man sich leicht viele Szenarien vorstellen, die zu einer Trennung führen. Wenn keine Kinder im Spiel sind und die Risse zwischen Ihnen schon tief geworden sind, ist mein Rat, dass Sie sich lieber früher als später trennen. Es ist schon schwer genug, solche Beziehungen zusammenzuhalten, und erst recht, Dinge in Ordnung zu bringen, wenn schon große Schäden entstanden sind. Wenn Sie Kinder haben, dann würde ich sagen, warten Sie, bis Sie wieder zusammen sein können, machen Sie eine intensive Therapie – damit meine ich mehrere Sitzungen pro Woche und nicht nur eine alle zwei Wochen – und schauen Sie, was passiert.

Eine andere Kategorie von Fernbeziehungen bilden Paare, die sich über das Internet kennengelernt haben und sich noch gar nicht oder nur wenige Male persönlich begegnet sind. Ich sage oft, ich sei altmodisch und spießig, deshalb bin ich vielleicht nicht die geeignete Ratgeberin für solche Menschen. Ich verstehe, dass man jemanden persönlich kennenlernt, sich verliebt und dann eine Fernbeziehung führt. Jemanden online kennenzulernen, der in der Nähe wohnt, ist völlig in Ordnung, dann können Sie sich regelmäßig treffen, wenn Sie ein Paar werden. Aber sich in jemanden zu verlieben, den Sie kaum kennen und der nicht greifbar ist, kommt mir leichtfertig vor. Es ist ein bisschen so, als würde man sich in eine fiktive Figur verlieben (und natürlich kann der oder die Online-Liebste völlig anders sein, als er oder sie sich darstellt). Erinnern Sie sich daran, dass ich der Zeit einen hohen Stellenwert einräume, und da Liebespaare körperlich zusammen sein müssen, würde ich davon abraten, so starken Emotionen nachzugeben und eine Beziehung zu beginnen, in der diese enge körperliche Verbindung nicht möglich ist. Ich sage nicht, dass man sich auf diesem Wege nicht verlieben kann, nur ist die Wahrscheinlichkeit, dass man dabei verletzt wird, so hoch, dass ich davor warnen möchte. Außerdem: Wenn Sie eine Menge Zeit damit verbringen, online mit diesem oder dieser E-Liebsten zu chatten, dann sind Sie nicht dafür frei, einen Partner zu suchen, der Sie umarmen und küssen kann.

Wie ich nicht eigens zu betonen brauche, ist eine gute Kommunikation der wichtigste Faktor, um eine Fernbeziehung zusammenzuhalten. Und wenn es Risse im Geflecht dieser Beziehung gibt und Sie wollen sie wieder in Ordnung bringen, sollten Sie als Erstes unter die Lupe nehmen, wie es um Ihre Kommunikation bestellt ist. Wenn Sie sich beide mit allen Kräften bemühen, miteinander in Kontakt zu bleiben, kann das schon ausreichen, dass der Funke, der Sie einmal zusammengeführt hat, auch weiterhin brennt.

Dr. Ruth Westheimer

@AskDrRuth

Fernbeziehungen können nur bei hervorragender Kommunikation zwischen den Partnern gedeihen.

Jede schlecht funktionierende Beziehung hat einen Wendepunkt, einen Punkt, an dem die Entscheidung, zu gehen oder zu bleiben, sich erledigt, weil die Beziehung nicht mehr zu kitten ist. Wenn man weit voneinander entfernt lebt, wird es manchmal schwieriger zu erkennen, wann dieser Punkt erreicht ist. Außerdem kann es schwerer sein, die Trennung zu vollziehen, weil man weiß, dass man den Schlussstrich besser persönlich ziehen sollte, die Entfernung dies aber unmöglich macht. Die Folge ist, dass sich eine Fernbeziehung noch hinziehen kann, selbst wenn sich einer der Partner schon ernsthaft auf jemand anders eingelassen hat, weil das für den anderen, der viele Kilometer weit weg lebt, nicht sichtbar ist.

Meine Theorie beim Thema Beziehungen ist generell, dass man nie eine neue Beziehung anfangen sollte, bevor die alte offiziell beendet ist. Und zwar aus mehreren Gründen. Der erste fällt nicht ohne Weiteres ins Auge: Wenn Sie wegen Ihrer derzeitigen Beziehung unglücklich sind, brauchen Sie nur jemandem zu begegnen, der Ihnen ein klein wenig passender erscheint, und schon wird er im Vergleich richtig gut aussehen. Wenn Sie noch einmal einen Versuch mit Ihrem bisherigen Partner machen und erst dann mit ihm brechen, können Sie sich ganz dieser neuen Person zuwenden. Vielleicht kommen Sie dann zu dem Schluss, dass diese Person für Sie die richtige ist. Aber nachdem Sie sich aus den Ketten Ihrer bisherigen Beziehung befreit haben, denken Sie vielleicht auch: »Ich brauche ein bisschen Zeit zum Alleinsein« oder »Ich kann auch noch jemand Besseres finden«. Daher ist es nicht nur aus moralischen Gründen das Richtige, erst einmal die aktuelle Beziehung zu beenden, sondern es kann Sie auch davor bewahren, einen weiteren Fehler zu machen.

Dr. Ruth Westheimer

@AskDrRuth

Eine Affäre anzufangen, wenn Sie in einer schlechten Beziehung leben, ist ein großer Fehler.

Die Versuchung fremdzugehen, ist wesentlich größer, wenn man in einer Fernbeziehung lebt. Sie sind einsam und sexuell frustriert, sodass Sie sich leicht auf jemanden einlassen können, der vor Ort ist. Da Sie bei Ihrer Fernbeziehung beide wissen, dass Sie verwundbar sind, besteht außerdem das Risiko, dass einer von Ihnen eifersüchtig wird oder auch alle beide. Und diese Eifersucht kann gravierende Probleme in Ihrer Beziehung verursachen. Wenn nämlich einer dem anderem vorwirft, er hintergehe ihn, obwohl das gar nicht zutrifft, könnte genau das den anderen dazu bringen, es zu tun. Er könnte denken: »Meine Partnerin denkt sowieso, ich betrüge sie – was habe ich also zu verlieren, wenn ich es tatsächlich tue?« Dasselbe gilt auch für sie.

Halten Sie inne und überlegen Sie:
Verursacht Eifersucht einen Riss in Ihrer Fernbeziehung?

Wenn Sie zu mir in die Praxis kämen, ehe Sie eine Fernbeziehung beginnen, würde ich Ihnen raten, sich nicht darauf einzulassen, weil es dabei so viele Fallstricke gibt. Wenn Sie jedoch schon in einer solchen Beziehung sind und nicht wissen, ob Sie bleiben oder gehen sollen, dann müssen Sie eine genaue Selbstprüfung vornehmen. Wenn Sie in einer Beziehung leben, in der Sie Ihren Partner häufig sehen, ist es leichter zu entscheiden, ob diese Person die richtige für Sie ist. Ich sagte nicht leicht, nur leichter. Aber wenn Sie weit auseinander leben und viel stärker auf gemeinsame frühere Erinnerungen angewiesen sind als auf solche vom gestrigen Abend, dann sind Sie in einer verzwickten Situation.

Nehmen wir einmal hypothetisch an, Sie wären in meiner Praxis. Mein Hauptziel ist immer, dem Menschen zu helfen, der auf dem Stuhl mir gegenübersitzt. Ich versuche nicht, objektiv zu sein. Ich versuche meine Klienten nicht dazu zu bewegen, große Verrenkungen zu machen, um die Beziehung zu retten. Wenn mein Klient oder meine Klientin unglücklich ist und das Beenden der Beziehung der einzige Weg ist, wieder glücklich zu werden, dann rate ich genau dazu. Wenn Sie diese Position akzeptieren, dann kommt es nicht so sehr darauf an, ob Ihr Partner vor Ort oder weit weg ist. Wenn Sie nicht glücklich sind und die Lage sich in einem definierten Zeitraum vermutlich auch nicht bessern wird, dann sollten Sie gehen – was besonders für Fernbeziehungen gilt, weil sie so viel schwerer zu reparieren sind.

Wenn Sie zu mir kämen (oder zu einem anderen Therapeuten gingen) und es gelänge uns, Ihren Partner dazu zu bringen, mit Ihnen gemeinsam in die Therapie zu kommen, dann würden Sie beide vielleicht einen Weg finden, zusammenbleiben zu können. Aber wenn Ihr Partner weit weg ist, dann ist diese Art von Hilfestellung, bei der Sie beide zur gleichen Therapeutin oder zum gleichen Therapeuten gehen, nicht zu bewerkstelligen. (Ich weiß, dass es technische Möglichkeiten gibt, die es Menschen ermöglichen, eine Videositzung bei einer Therapeutin zu haben, aber ich bin der Meinung, dass das weniger effektiv ist, wenn auch vielleicht besser als nichts.) Ich bin dagegen, Zeit an eine Beziehung zu verschwenden, in der Menschen sich elend fühlen, und wenn es wenig Hoffnung gibt, sie wieder in Ordnung bringen zu können, dann ist die richtige Entscheidung, auszusteigen. Richtig ist diese Entscheidung, weil Sie dann frei sind, sich jemand anders zu suchen, und wesentlich früher das Glück der neuen Beziehung genießen können.

Dr. Ruth Westheimer

@AskDrRuth

Tut mir leid, dass ich mich wiederhole, aber Fernbeziehungen sind anfälliger für Trennungen.

FÜGEN WIR NUN ALLES ZUSAMMEN

Sie haben dieses Buch gekauft, weil Sie nicht sicher sind, ob Sie die Beziehung, in der Sie leben, aufrechterhalten oder beenden sollen. Ich hoffe, Sie haben schon eine Menge gelernt, aber unter Umständen sind Sie in Ihrem Entscheidungsprozess noch immer nicht weitergekommen. Warum waren meine Ratschläge nicht ausreichend? Lassen wir diese Frage einmal beiseite und akzeptieren einfach, dass Sie festsitzen. Dann wollen wir uns überlegen, wie Sie wieder in die Gänge kommen können.

Weil Sie nur zwei Möglichkeiten haben – gehen oder bleiben –, denken Sie vielleicht, die Entscheidung sollte relativ einfach sein. Natürlich ist die eine Möglichkeit, nämlich die Entscheidung zu gehen, viel schwerer zu treffen als die andere, also die Entscheidung, zu bleiben oder es einfach laufen zu lassen (was auf dasselbe hinausläuft). Gehen wird herzzerreißend, qualvoll und schlichtweg schrecklich sein. Zugegeben, irgendwann später, vielleicht eine Woche danach, vielleicht auch einen Monat danach oder noch länger, werden Sie sich besser fühlen. Aber der eigentliche Prozess, Ihre Koffer zu packen und vielleicht noch die Hälfte der Möbel aus Ihrem Haus auszuräumen und woanders hinzubringen, ist extrem schwer. Und genauso, wie Ihr Nervensystem darauf geeicht ist, Sie von der Berührung einer heißen Herdplatte abzuhalten, damit Sie sich nicht verbrennen, hat Ihr emotionales System eine Aversion dagegen, sich am glühenden Schmerz einer Trennung zu versengen.

Sicher ist dieser Entscheidungsprozess kein fairer Kampf. Sofern es um Ihre Beziehung nicht richtig schlecht steht, werden Sie einen starken Drang verspüren, zu bleiben. Und zusammenzubleiben könnte sogar auch die richtige Wahl sein. Aber der Schlüssel zur richtigen Wahl ist, überhaupt einen Entschluss zu fassen, statt den Verlauf Ihres Liebeslebens dem Zufall zu überlassen. Um eine Entscheidung zu treffen, müssen Sie sich aufbauen, für die Möglichkeit einer Trennung trainieren und eine Strategie entwickeln, die Ihnen den Abgang leichter machen wird. Wenn ein Bruch droht, sorgen Sie dafür, dass Sie vorbereitet sind. Je weniger Sie vorbereitet sind, desto weniger werden Sie dazu fähig sein, die Strategie durchzuziehen.

Sie denken vielleicht, eine Trennung könne nicht gar so schlimm sein. Schließlich scheitern 50 Prozent aller Ehen und vermutlich sogar noch mehr Partnerschaften ohne Trauschein. Wahrscheinlich ist es aber eine Frage des Timings, wie schwer es wird. Wenn eine Beziehung oder eine Ehe schon völlig zerrüttet ist, wird der Entschluss, zu gehen, erheblich leichter. Wenn Ihnen erst einmal klar geworden ist, dass Sie unmöglich zusammenbleiben können, bleibt Ihnen nur noch die Frage, wie genau Sie die Trennung angehen wollen. Aber durch wie viel Schmerz und Leid sind Sie gegangen, bis Sie an diesem Punkt angelangt sind? Sie sollten auf alle Fälle den zusätzlichen Schmerz vermeiden, der in den Monaten und vielleicht sogar Jahren entsteht, in denen Sie in einer Beziehung leben, die schon zu Ende sein sollte, sich stattdessen aber immer weiter hinschleppt.

Halten Sie inne und überlegen Sie:
Wie lange denken Sie schon, dass es sich vielleicht nicht lohnt, Ihre Beziehung noch weiter aufrechtzuerhalten?

Wenn Sie dieses Buch lesen, wissen Sie, dass mit Ihrer Beziehung etwas nicht in Ordnung ist, aber sie ist wahrscheinlich noch nicht so ätzend. Um zu gehen, müssten Sie sich mit Gewalt zur Tür hinausjagen, aber Sie wissen noch nicht, ob das überhaupt der richtige Weg ist. Höchstwahrscheinlich erleben Sie in Ihrer Beziehung immer wieder mal Schmerz, aber auch hin und wieder Freude, und genau das macht die Entscheidung in dieser ziemlich ungesunden Phase so schwierig. (Damit will ich nicht sagen, dass es in der richtig ungesunden Phase leicht ist, zu gehen, sondern nur, dass es dann unumgänglich wird oder werden sollte.)

Wie können Sie die Entscheidung trainieren, ob Sie gehen oder bleiben sollen? Eine Möglichkeit ist, kleinere Entscheidungen zu fällen, die leichter umzusetzen sind. Und nein, ich meine nicht, was es zum Abendessen geben soll – obwohl auch die Wahl, was man essen möchte, schwierig werden kann, wenn man Hunger hat und in einem Restaurant mit einer großen Speisekarte sitzt. Ich meine vielmehr Entscheidungen, die mit Ihrer Beziehung zu tun haben. Wenn Sie Autofahren lernen wollten, würden Sie ja auch nicht auf einer Autobahn anfangen, oder? Sie würden in einer ruhigen Straße oder sogar auf einem leeren Parkplatz anfangen. Und wenn Sie Ihre Beziehung auf den Prüfstand stellen wollen, machen Sie es genauso.

Eine Möglichkeit besteht etwa darin, Entscheidungen mit einem zeitlichen Limit einzuführen. Sie brauchen vielleicht nur einen kurzen Blick auf Ihre Beziehung zu werfen, um bestimmte Veränderungen benennen zu können, die unumgänglich sind, wenn sich die Beziehung wieder bessern soll (wenn Sie allerdings tiefer graben, kann die Liste immer länger und länger werden). Sie werden Ihre Punkte kennen. Vielleicht haben Sie Ihren Partner schon gebeten, dass er sich in bestimmten Punkten ändert, aber bisher war er nicht kooperativ. Ich schlage vor, dass Sie einen oder zwei dieser Punkte herausgreifen, vielleicht einen besonders wichtigen oder einfach einen besonders ärgerlichen, und sich eine Frist überlegen, bis zu der die Veränderung eingetreten sein muss, beispielsweise eine Woche oder ein Monat.

Diese Deadline kann zwei Formen annehmen. Die erste ist eine Frist, die Sie Ihrem Partner setzen. Das lässt sich ungefähr so formulieren: »Ich habe dich schon viele Male gebeten, dich beim Abendessen mit mir zu unterhalten, statt fernzusehen. Entweder du kommst dem bis spätestens Montag nach oder ich muss annehmen, dass du kein Interesse daran hast, dich mit mir zu unterhalten.« Die andere Form kann sich um dasselbe Szenario drehen, aber Sie sind es schon leid, immer wieder zu betteln, daher wiederholen Sie nicht zum x-ten Mal Ihre Bitte, sondern geben sich selbst das Versprechen, etwas zu verändern.

Wie könnte eine solche Veränderung aussehen? Nehmen wir beispielsweise an, Sie sind normalerweise diejenige, die das Abendessen macht. Nach Verstreichen der Frist machen Sie nur noch für sich selbst das Abendessen. Wenn Ihr Partner fragt, wo sein Abendessen sei, können Sie sagen: »Da ich sowieso jeden Abend allein esse, sehe ich keinen Grund, noch weiter eine Mahlzeit für zwei zuzubereiten.«

Eine solche Begründung ist eine Herausforderung, aber Sie dürfen keine Drohung daraus machen. Und denken Sie daran, dass nicht allein Ihre Worte zählen, sondern auch Ihre Körpersprache und Ihr Tonfall. Versuchen Sie, ganz sachlich zu sein statt ärgerlich. Jetzt liegt der Ball bei Ihrem Partner. Und seine Reaktion wird Ihre Beziehung wahrscheinlich deutlich verbessern oder ihr vollends den Garaus machen. Sie müssen sich auf beide Möglichkeiten gefasst machen. Wenn Sie Ihre Entscheidung wie eine Drohung vorbringen, wird die Veränderung kaum positiv sein, weil niemand gern bedroht wird. Wenn Ihr Partner vor vollendete Tatsachen gestellt wird und erkennt, dass er selbst dafür verantwortlich ist, ob er ein Abendessen bekommt oder nicht, wird er gezwungen sein, sich zu entscheiden. Und vor allem wird er wissen, dass Sie es ernst meinen. Ohne ihm damit zu drohen, dass Sie ihn verlassen werden, haben Sie ihm unmissverständlich klargemacht, dass bestimmte Bereiche Ihrer Beziehung verbessert werden müssen.

Damit eine Paartherapie wirksam sein kann, müssen beide Partner hingehen. Wenn Ihr Partner sich weigert, mitzukommen, sollten Sie aber auch allein gehen. Wenn Sie einen Therapeuten oder eine Therapeutin aufsuchen, zeigen Sie damit ganz deutlich, dass die Beschwerden, die Sie vorgebracht haben, ernst sind. Sie werden Ihre Kümmernisse nicht mehr länger ignorieren, sondern haben beschlossen, sich an einen Fachmann oder eine Fachfrau zu wenden und sich beraten zu lassen, wie Sie vorgehen sollen. Gar nicht selten wird sich dann Ihr Partner oder Ihre Partnerin die Sache überlegen. Ihr Gegenüber begreift, dass Sie eine dritte Person in das Problem einweihen werden, und wird wollen, dass der Therapeut beide Seiten der Geschichte hört. Nach einem Gespräch mit jedem der beiden Beteiligten sollte der Therapeut so weit sein, dass er als Schiedsrichter fungieren und eine Lösung herbeiführen kann.

Derselbe Effekt tritt ein, wenn Sie Ihre Dinner-Challenge durchziehen. Selbst wenn Ihr Partner so tut, als sei ihm das egal, und einfach eine Pizza bestellt, wird er darüber nachdenken und eine Entscheidung treffen. Im besten Fall wird er erkennen, wie wichtig es Ihnen ist, beim Abendessen mit ihm reden zu können, zu dem Schluss kommen, dass ihm Ihre Liebe wichtig ist, und sich bereit erklären, beim Abendessen nicht fernzusehen – wenn nicht gleich auf der Stelle, dann vielleicht ein, zwei Tage später. Wenn Ihr Partner sich nicht dazu durchringen kann, dann hat er eine rote Linie gezogen, die Sie beachten sollten. Bis dahin haben Sie vielleicht gedacht, dass das Fernsehen einfach nur unhöflich sei, aber jetzt haben Sie gesehen, dass Fernsehen Ihrem Partner mehr bedeutet als Sie. Als Nächstes schauen Sie sich andere Bereiche Ihrer Beziehung an und müssen wieder entscheiden, ob sich auch dort ein Mangel an Liebe und Respekt zeigt.

Durch diese kleine Entscheidung – kein Abendessen für den anderen zu machen – werden Sie einen wichtigen Schritt in Richtung auf die nächste Entscheidung gemacht haben, die darin bestehen könnte, die Beziehung zu beenden. Dadurch, dass Sie sich selbst und Ihrem Partner eine Nagelprobe zumuten, werden Sie die Dynamik der Beziehung verändern, und das Endergebnis wird klarer zutage treten.

Aber diese Nagelproben sollten nicht so drastisch ausfallen, dass es allein deswegen zu einem Bruch kommt. Erinnern Sie sich bitte, dass ich sagte, Sie sollten trainieren, damit Sie später die große Entscheidung treffen können, und Training erfordert

Zeit und Mühe. Eine einzelne Kraftprobe verlieren oder gewinnen wird nicht ausreichen, um Sie für diese letzte, große Entscheidung fit zu machen. Und das wäre auch Ihrem Partner gegenüber nicht fair. Sie wissen, was auf dem Spiel steht, aber Ihr Partner nicht. Einen Therapeuten oder eine Therapeutin aufzusuchen, ist ein gewichtiger Schritt, aber kein Abendessen zu machen, ist nicht so gravierend. Wenn Sie nicht lockerlassen, wird Ihr Partner merken, dass etwas im Busch ist. Er wird gewarnt sein, dass Sie zumindest darüber nachdenken, in welche Richtung die Beziehung läuft. Sie werden ein starkes Signal ausgesandt haben, dass Veränderung in der Luft liegt, ohne dass Sie ein Ultimatum gestellt haben, das einen Bruch erzwingt.

Halten Sie inne und überlegen Sie:
Was stört Sie wirklich sehr an Ihrem Partner oder Ihrer Partnerin und welche Nagelprobe könnten Sie sich einfallen lassen?

Wie viele solcher Herausforderungen werden Sie brauchen, bis Sie bereit sind? Das ist im Voraus schwer zu sagen, besonders deshalb, weil viel von der Reaktion Ihres Partners oder Ihrer Partnerin abhängt. Selbst wenn der andere auf die erste Kraftprobe nicht so reagiert, wie Sie sich das gewünscht hätten, wird er schnell begreifen, dass die nächste vermutlich mehr Gewicht haben wird. Und wenn auch nur aus dem Grund, dass beim zweiten Mal schon ein kumulativer Effekt eintritt. Eine einzelne Bitte zu ignorieren, mag noch nicht so schwerwiegend sein, aber zwei oder mehr zu übergehen, etabliert ein Muster. Noch ehe Ihr Partner entscheidet, ob er sein Verhalten bei Ihrer nächsten Herausforderung ändert, wird ihm allmählich dämmern, wie wichtig diese Nagelproben sind. Er wird wissen, dass Sie ihn nicht leichtfertig mit Ihren Forderungen konfrontieren und dass Sie es ernst meinen.

Erlauben Sie mir, die Art von Herausforderung, die Sie einführen sollten, noch etwas ausführlicher zu erklären. Wenn Ihr Partner nicht gerade in der Werbung oder im Nachrichtengeschäft arbeitet und die Abendnachrichten unbedingt anschauen muss, war das Beispiel, das ich gewählt habe, ziemlich klar. Die meisten wären sich wohl einig, dass es ein Schlag ins Gesicht ist, wenn man seinen Partner oder seine Partnerin jeden Abend beim Essen ignoriert. (Wenn Sie sich natürlich beide beim Abendessen über Ihr Smartphone beugen und sonst für nichts Augen haben, dann taugt das Beispiel nicht, aber mit diesem Thema habe ich mich ja bereits weiter vorn befasst.) Manche Bereiche Ihrer Beziehung, die Sie nicht mögen, könnte man als persönliche Vorlieben betrachten. So kann sich etwa Ihr Partner einen Bart wachsen lassen, weil er sich nicht gern rasiert, aber Sie hassen den Bart, weil er Sie kratzt und weil Sie Ihren Partner kaum noch wiedererkennen. Das wäre aber kein geeignetes Thema für eine Provokation, denn Sie wollen hier ja ernsthafte Veränderungen in Ihrer Partnerschaft erreichen. Wenn Ihre Abneigung gegen seinen Bart das Einzige ist, was Sie ansprechen könnten, dann läuft Ihre Beziehung gut. Wenn Sie ein gutes Verhältnis zueinander haben und seinen Bart nicht mögen, dann können Sie ja Ihre Ansicht getrost äußern; da es jedoch um seinen Körper geht und nicht um Ihren, können Sie sich hier vielleicht nicht durchsetzen.

Sie müssen die Herausforderung, zu der Sie sich entschließen, sehr sorgfältig wählen. Es sollte um etwas gehen, was Sie ernsthaft stört und was sich ändern lässt. Und denken Sie daran, dass Sie nicht versuchen, einen Bruch herbeizuführen: Sie üben nur.

Stellen Sie sich Ihre Beziehung wie einen großen Ozeandampfer vor. Große Schiffe können nicht im Handumdrehen ihre Richtung ändern. Wenn Sie in einen Hafen einlaufen, benötigen sie Schlepper, die sie in die richtige Richtung ziehen. Ihre Beziehung ist wie so ein Ozeandampfer und Ihre Bitten um Veränderung sind wie diese Schlepper. Sie wollen nicht die Beziehung beenden, sondern sie einfach in eine Richtung bugsieren, die Ihnen besser gefällt. Ihre Anstöße zwingen Ihren Partner dazu, sich zu entscheiden, ob solche Veränderungen für ihn annehmbar sind oder nicht.

Übrigens werden Sie über Ihre zweite Herausforderung noch sorgfältiger nachdenken müssen als über Ihre erste. Wenn Ihr Partner nicht völlig vernagelt ist, wird er diese zweite Provokation als Teil eines Musters erkennen. Er wird sehen, dass Sie die Beziehung testen, und die Antwort wird diesmal größere Auswirkungen haben. Wenn Sie ein zweites Mal auf Granit beißen, hat das einen kumulativen Effekt.

Das könnte sich zu einem Kräftemessen entwickeln. Ihr Partner könnte seine Position einfach aus Prinzip behaupten, weil er nicht nachgeben will. Das ist eine wichtige Information für Sie, die Ihnen etwas darüber sagen wird, wo Sie in dieser Beziehung stehen. Dann könnten Sie sich darauf vorbereiten, eine noch größere Herausforderung einzufädeln, die sogar das Ende der Beziehung bedeuten könnte.

Es gibt auch die Möglichkeit, dass Ihr Partner eine eigene Herausforderung dagegensetzt. Wahrscheinlich sind Sie nicht vollkommen, irgendetwas an Ihnen dürfte Ihren Partner bestimmt ebenfalls stören. Indem Ihr Partner Ihre Strategie aufgreift und nun seinerseits eine Bitte um Veränderung in den Raum stellt, eröffnet er einen Dialog. Alles ist auf dem Tisch, sodass Sie jetzt eine ernsthafte Auseinandersetzung über den Zustand Ihrer Beziehung führen können. Zu diesem Zeitpunkt sollten Sie vorschlagen, sich professionelle therapeutische Hilfe zu holen.

Vielleicht haben Sie schon monatelang um bestimmte Veränderungen gebeten und nichts erreicht, sodass Sie sich jetzt fragen: »Und was ist diesmal anders?« Der Unterschied liegt in der Frist, die Sie gesetzt haben. Wenn Sie ignoriert werden, wird das Folgen haben.

Diese Folgen sollten aber nicht die Form von Streitigkeiten haben. Vielleicht ist Ihr Partner gut im Streiten, und wenn Sie auf zahlreiche frühere Auseinandersetzungen zurückblicken, sehen Sie eventuell, dass das nie irgendwelche lohnenden Konsequenzen hatte, was in schlechten Beziehungen sehr häufig ist. Wenn hingegen Ihr Partner Sie angreift, bekommt er das Gefühl, er stehe mit Ihnen auf gleicher Ebene, auch wenn sein Verhalten zweifellos nicht das eines Menschen ist, der Sie liebt und respektiert.

Deswegen bin ich auch gegen Ultimaten. Ein Ultimatum – entweder du tust x oder ich mache y – führt zum Streit, und damit erzielt man normalerweise keine Fortschritte bei der Heilung einer Beziehung. Stattdessen bitten Sie um eine Veränderung, und wenn Ihr Partner sich weigert, dieser Bitte nachzukommen, handeln Sie sofort und machen ihm beispielsweise kein Abendessen mehr.

Hier gebe ich Ihnen noch weitere Beispiele für eine Reihe von problematischen Themen, mit denen Paare häufig zu kämpfen haben. Sehr schwerwiegende lasse ich beiseite, etwa, dass man den Partner, die Partnerin dabei erwischt, dass er oder sie einen betrügt, oder dass man es mit verbaler Gewalt zu tun bekommt. Für die meisten Menschen sind das Zeichen dafür, dass die Beziehung aufhören sollte oder dass zumindest beide Partner eine qualifizierte Therapie anfangen sollten.

Das erste Problem, das ich ansprechen möchte, ist Langeweile. Für mich ist Langeweile ein heimtückisches Problem, das manchmal schwer dingfest zu machen ist, aber viel Schaden anrichten kann. Ich spreche hier nicht von sexueller Langeweile, obwohl es auch damit zusammenhängt. Wenn Sie Ihre Beziehung in jeder Hinsicht langweilig finden, haben Sie wahrscheinlich auch keinen berauschenden Sex. Weil manche einem ganz bestimmten Muster folgen müssen, um zum Orgasmus zu kommen, ist es manchmal die einzige Lösung, jedes Mal nach demselben Schema Sex zu haben. Doch da die meisten Paare nicht den Großteil ihrer Zeit mit Sex verbringen, gibt es in Ihrer Beziehung ein ernsthaftes Problem, wenn die gemeinsame Zeit langweilig ist.

Ich spreche oft davon, wie entscheidend eine gute Kommunikation dafür ist, ein Paar zusammenzuhalten, aber wenn zwei Menschen kein gemeinsames Gesprächsthema haben, dann wird ihre Kommunikation minimal sein. Wie ich schon im Kapitel zu gemeinsamen Interessen besprochen habe, ist es sehr wichtig, einige solche zu haben. Wenn das nicht der Fall ist, müssen Sie welche entwickeln, die Ihre Beziehung zusammenleimen. Wenn Ihr Partner sich weigert, an gemeinsamen Aktivitäten teilzunehmen, kommt es auch nicht zu anregenden Gesprächen, was wiederum nichts Gutes für die Beziehung verheißt.

Sie könnten sich natürlich eine Leihkarte für Ihre Stadtbücherei besorgen, sich in immer neue Bücher vertiefen und Ihre Gespräche auf Brummen und Grunzen beschränken. Aber wozu wollen Sie in einer solchen Beziehung leben? Um die Lebenshaltungskosten zu teilen? Dafür könnten Sie sich auch einen WG-Mitbewohner suchen. Liebe lässt sich nicht in eine Kiste einsperren, sie muss ausgedrückt und frei schwingend zwischen den Partnern ausgetauscht werden.

Je länger zwei Menschen zusammenbleiben, desto mehr Verbindungen sollten zwischen ihnen entstehen und desto näher sollten sie sich kommen. Langeweile verhindert, dass diese Verbindungen zustande kommen. Statt enger zusammenzuwachsen, rücken Sie weiter auseinander. Sie beginnen, getrennte Leben zu führen. Vielleicht geht er am Wochenende nachmittags Golf spielen und sie geht Karten spielen. Oder sie schauen sich unterschiedliche Fernsehprogramme in verschiedenen Zimmern an. Dass beide Partner auch eigene Interessen haben, denen sie nachgehen, ist okay, aber sie müssen auch einige gemeinsame haben.

Bevor die Welt so stark vernetzt war, stand einem eine sehr überschaubare Anzahl von Möglichkeiten zu Verfügung, wenn man in einem kleinen Ort auf dem Land lebte. Aber heute können Sie, wenn Sie online gehen, die ganze Welt über das Internet erforschen. Wenn Sie mit jemandem festsitzen, der Sie langweilt und sich nicht ändern will, haben Sie ein Problem. Machen Sie dem anderen zunächst einmal ein oder zwei Angebote, schlagen Sie etwa vor, ein Museum zu besuchen oder gemeinsam einen Dokumentarfilm über einen Ort anzuschauen, an den Sie gern reisen wollen, und warten Sie ab, wie er darauf reagiert.

Halten Sie inne und überlegen Sie: Ist Ihre Beziehung langweilig, quicklebendig oder irgendetwas dazwischen?

Ein weiteres häufiges Problem ist ein Partner, der lange Arbeitszeiten hat. Dann fühlt sich der andere die meiste Zeit allein. Es tut mir leid, dass ich diesem überarbeiteten Menschen noch eine weitere Last auferlegen muss, aber er muss unbedingt Zeit für seinen Partner finden. Ständig beschäftigt und/oder müde zu sein, ist nicht akzeptabel. Ich habe Verständnis für finanziellen Druck. Als ich in die USA kam, war ich eine alleinerziehende Mutter und arbeitete anfangs für einen Dollar in der Stunde als Haushälterin. Der Haken ist: Wenn Sie Ihre Beziehung vernachlässigen, selbst für einen nützlichen Zweck wie Geldverdienen, beschädigen Sie sie am Ende. Und irgendwann kann sie so angeschlagen sein, dass Sie sie nicht mehr reparieren können.

Die Herausforderungen, mit denen Sie aufwarten, müssen natürlich innerhalb bestimmter Grenzen liegen. Beide Partner wissen ja über ihre finanziellen Umstände Bescheid, aber zehn Minuten am Tag dafür zu reservieren, um den Tag zu besprechen, ist nicht zu viel verlangt. Sich Zeit für die Liebe zu nehmen, ist auch keine übermäßig große Forderung. Dafür zu sorgen, dass Sie beide Zeit für Küsse und Umarmungen finden, sollte auch nicht unmöglich sein. Wenn doch, dann ist vielleicht die viele Zeit am Arbeitsplatz nicht mehr als eine Ausrede dafür, nicht mit dem Partner zusammen sein zu müssen. Zwar kommt eine Beziehung oft erst nach dem Bezahlen der Miete und dem Zubereiten eines Essens, aber sehr wahrscheinlich ist durchaus freie Zeit vorhanden, die man ihr widmen könnte.

Bis hierher habe ich das Wort »Schuld« nicht oft erwähnt, aber bei diesem Beispiel wird Schuld auf alle Fälle eine Rolle spielen. Wenn Sie der Teil des Paares sind, der sich einsam und traurig fühlt, dann kommen Sie sich vielleicht ein Stück weit selbstsüchtig und daher schuldig vor, wenn Sie jemanden um Zeit bitten, dessen »Hauptfehler« darin besteht, so hart zu arbeiten, dass er das Geld für Ihre Ausgaben verdienen kann. Aber Ihr emotionales Leben ist wichtig. Sich jeden Abend elend und einsam zu fühlen, ist kein Leben. Wenn Sie in einer solchen Situation sind, dann werden Sie viel Fingerspitzengefühl brauchen, aber Sie sollten auch nicht Ihre emotionalen Bedürfnisse ignorieren.

An welchem Punkt kämen Sie zu dem Schluss, dass diese Situation so unerträglich ist, dass Sie gehen wollen? Viele Faktoren spielen eine Rolle, wenn Sie eine solche Entscheidung treffen, daher kann ich Ihnen keine Patentlösung anbieten. Ich könnte Ihnen zwar sagen, Sie sollten sich professionelle Hilfe suchen, aber wenn Sie in dieser Situation sind, dann sind Sie vielleicht so knapp bei Kasse, dass Sie sich keine Therapie leisten können. Daher schlage ich Ihnen vor, dass Sie über ein zeitliches Limit für die aktuelle Lage sprechen. Sie müssen wissen, dass Ihre Beziehung eines Tages emotional befriedigender sein wird. Manche Leute sind Workaholics und müssten gar nicht aus finanziellen Gründen so viele Stunden arbeiten. Dass sie so viel arbeiten, kann vielerlei Gründe haben, und einer kann durchaus sein, dass sie ihren Gefühlen nicht nachgeben und ihrem Partner oder ihrer Partnerin nicht näherkommen wollen. In solchen Fällen haben Sie nur zwei Möglichkeiten: bleiben und sich elend fühlen oder gehen. Wenn Ihr Gegenüber nicht sagen kann »Ich brauche noch ein Jahr, um dieses

Geschäft vollends aufzubauen«, dann sollten Sie vielleicht anfangen, darüber nachzudenken, wo Sie in einem Jahr sein und mit wem Sie zusammen sein werden.

Weit auseinanderliegende Ziele zu haben, kann ganz sicher auch ein Grund für eine Trennung sein. Sagen wir, Sie wollen Kinder und Ihr Partner nicht oder Sie wollen in einer großen Stadt wohnen und Ihre Partnerin bevorzugt eine ländliche Umgebung. Solche Themen waren Ihnen vielleicht nicht wichtig, als Sie einfach nur miteinander ausgingen und bis über beide Ohren verliebt waren. Aber wenn Sie eine gemeinsame Zukunft vor Augen haben, ist das etwas ganz anderes. Sie müssen zuerst Ihren eigenen Standpunkt kennen, bevor Sie zu dem Schluss kommen, dass eine Situation wie die geschilderten nur das Ende der Beziehung bedeuten kann. Wenn Sie allerdings nicht sicher sind, ob Sie Kinder und wo Sie leben wollen, dann können Sie von Ihrem Partner nicht verlangen, dass er sich auf Sie einstellt.

Auch wenn ich mich wiederhole: Das entscheidende Element in so einer Situation ist die Zeit. Nehmen Sie beispielsweise das Thema Kinder. Wenn sie unbedingt Kinder wollen und Ihr Partner nicht, dann ist Ihre Beziehung letztlich zum Scheitern verurteilt. Irgendwann werden Sie sich jemanden suchen müssen, der Kinder möchte. Zögern Sie daher nicht mehr, keinen einzigen Tag! Warum sollten Sie die Beziehung noch weiter hinziehen, wenn sie ja doch keinen Bestand haben kann? Getrennte Wege zu gehen, wird nicht leichter werden, wenn noch mehr Zeit vergeht. Zum Thema Veränderung haben Sie nur eine einzige Bitte: »Wirst du dir das mit den Kindern noch überlegen und doch bereit sein, welche zu haben?« Wenn die Antwort Nein lautet, dann sollten Sie in den sauren

Apfel beißen und sich verabschieden. Das wird traurig sein, aber auf lange Sicht wird es noch viel trauriger sein, wenn Sie auf die Erfahrung verzichten, Kinder zu haben, die Ihnen ein anderer Partner bieten kann.

Ein Thema, über das viele Paare stolpern, ist die Heirat. Einer möchte heiraten, und der andere ist noch nicht bereit, sich endgültig festzulegen. In solchen Fällen müssen Sie zunächst einmal ein vernünftiges Gespräch mit sich selbst führen. Als Erstes machen Sie sich bitte klar, dass es noch mehr Menschen auf der Welt gibt, und zwar viele, die Ihnen nicht nur das bieten können, was Ihnen Ihr derzeitiger Partner zu bieten hat, sondern die Sie obendrein auch noch heiraten würden. Sollte diese Überzeugung nicht fest in Ihrem Gehirn verankert sein, sollten Sie im tiefsten Inneren der Meinung sein, dass Sie ein einsames Leben vor sich haben, wenn Sie diesen Menschen verlassen, dann haben Sie ein Problem. Ich sage nicht, dass Sie nichts weiter brauchen, um sich für das Gehen zu entscheiden, aber diese Komponente ist die wichtigste. Sie brauchen Selbstvertrauen, um mit jemandem zu brechen. Sie müssen in einer Position der Stärke sein, und wenn Sie glauben, ein Bruch ruiniere Ihr Leben, wie können Sie dann diese Möglichkeit wählen? Nur wenn Sie davon ausgehen, dass diese Trennung bedeutet, dass Sie bald mit jemand anderem zusammen sein werden, werden Sie den Mut aufbringen zu gehen.

Halten Sie inne und überlegen Sie:
Glauben Sie wirklich und wahrhaftig, dass irgendwo auf der Welt jemand auf Sie wartet?

Niemand ist vollkommen, und so etwas wie Seelenpartner gibt es nicht. Ihr derzeitiger Partner hat Plus- und Minuspunkte, genau wie jeder künftige Partner auch (und auch Sie selbst). Wenn Sie einen Partner möchten, der sich auf eine lebenslange Beziehung festlegt, dann müssen Sie sich auf dieses Ziel konzentrieren und akzeptieren, dass es so etwas wie einen perfekten Partner nicht gibt.

Aber was ist, wenn Ihr Partner sagt: »Ich liebe dich, fühle mich aber einfach noch nicht bereit zu heiraten?« Dann müssen Sie zuerst eine Liste der Fehler Ihres Partners erstellen. Ignorieren Sie im Moment seine positiven Eigenschaften. Sie sollten herausfinden, ob es noch weitere mögliche Anzeichen dafür gibt, dass dieser Mensch nichts für Sie ist. Denn wenn er sich nicht festlegen will, ist das ein großer Fehler. Wenn dieser Mann oder diese Frau noch einen weiteren großen Fehler hat, reicht das vielleicht schon, um sich abzuwenden. Vielleicht danken Sie dann dem Schicksal, dass es Sie davon abgehalten hat, diese Person zu heiraten, und gehen Ihrer Wege.

Wenn jemand sagt: »Ich liebe dich, aber ich will mich noch nicht endgültig festlegen«, dann kann eine Trennung auf Zeit ein kluger Schachzug sein. Schauen Sie mal, wie Sie sich beide einen Monat später fühlen. Wenn Ihr Partner oder Ihre Partnerin bis dahin die Meinung nicht geändert hat, erweist sich die Tatsache, dass Sie schon einen Fuß vor der Tür haben, vielleicht als etwas Gutes. Eine vorübergehende Trennung ist wesentlich einfacher durchzuziehen als eine endgültige. Und endgültig Schluss zu machen, ist auch wesentlich einfacher, wenn Sie schon getrennt sind.

Es ist Ihnen vielleicht aufgefallen, dass ich in diesem Buch sorgfältig darauf geachtet habe, sowohl Männer als auch Frauen anzusprechen. Wenn man den Medien glauben will, legen sich Männer nicht so gern fest wie Frauen. Das stimmt allerdings nicht ganz bei einer bestimmten Gruppe: älteren Männern. Ich habe immer wieder von älteren Männern gehört, die gern eine feste Beziehung eingehen wollen, aber immer an Frauen geraten, die eine Entscheidung in die Länge ziehen. In vielen Fällen ist die Frau dann jünger, und vielleicht lässt sie der Altersunterschied zögern. Aber die Männer suchen Sicherheit und machen sich Sorgen, sie müssten ohne Partnerin alt werden.

Ich finde das faszinierend, aber was bedeutet das für jüngere Frauen, die mit Männern zusammen sind, die sich nicht festlegen wollen? Warum scheuen diese Männer die Sicherheit einer Bindung? Obwohl natürlich jeder Fall ein wenig anders liegt, ist einer der Faktoren die Vorstellung, dass vielleicht noch irgendwo eine Bessere auf sie wartet. Deshalb halten sie sich viele Optionen offen. Und wissen Sie was? Wenn das auch bei Ihrem Liebsten so ist, dann rate ich Ihnen zu gehen, und zwar so schnell wie möglich. Angesichts der Tatsache, dass eine Ehe heute keine so feste Bindung mehr bedeutet wie früher, ist ein Partner, der sich seine Bewegungsfreiheit erhalten will – wie weit auch immer die gehen mag –, einer, der Sie vielleicht bei der ersten Gelegenheit verlassen wird. Wenn dieser Mann zögert, weil er das Gefühl hat, dass Sie vielleicht nicht die beste Frau sind, die er finden kann, dann stellen Sie sich besser den Tatsachen: Sie wollen diesen Mann nicht heiraten. Sobald Sie das erkannt haben, müssen Sie anfangen, sich nach jemand anderem umzuschauen.

Halten Sie inne und überlegen Sie:
Könnte der Grund dafür, dass Ihr Partner oder Ihre Partnerin sich nicht festlegen will, ganz einfach der sein, dass er oder sie noch auf etwas »Besseres« als Sie hofft?

Wie sieht es aus, wenn sich Ihr Partner oder Ihre Partnerin nicht an das traditionelle oder aktuelle Rollenverhalten hält? Wenn er entweder darauf besteht, immer getrennt zu bezahlen, oder Ihnen nie erlauben will, Ihren Anteil der Rechnung zu begleichen? Ich weiß, das ist vielleicht nicht politisch korrekt, aber ich bin nicht immer damit einverstanden, bestimmten willkürlich festgelegten »Regeln« zu folgen. Vielleicht sagen Sie, ich sei inkonsequent, aber ich möchte einen Mann, der mir den nötigen Freiraum gibt *und* der mir die Tür aufhält. Da ich diese Position vertrete, halte ich jegliche Erwartung, die Sie an einen Mann haben, für legitim. Wenn Ihr Partner ein Mann ist, der unentschlossen ist und bei allem nach Ihrer Pfeife tanzt, oder wenn Ihre Partnerin eine Frau ist, die sich nicht feminin anzieht, möchten Sie vielleicht nicht mit ihm oder ihr den Rest Ihres Lebens verbringen. Lassen Sie sich nicht von der Gesellschaft dahingehend beeinflussen, jemanden zu akzeptieren, dessen Ansichten nicht zu Ihren passen und der nicht alle Ihre Bedürfnisse erfüllt. Wenn zwei Menschen die traditionellen Rollen tauschen wollen und die Frau die Hosen anhat, ist das in Ordnung. Und wenn sie überhaupt keine festgelegten Rollen haben wollen und stattdessen ihre Beziehung Schritt für Schritt aufbauen, dann ist das ebenfalls in Ordnung. Aber wenn Sie beispielsweise eine Frau sind, die möchte, dass ihr Partner ihr die Tür aufhält, und er tut das nicht, dann haben Sie das Recht, Ihrer Wege zu gehen.

Vielleicht haben Sie dieses Verhalten schon bei der ersten Begegnung bemerkt, vielleicht aber auch erst vor Kurzem, aber Sie haben so oder so ein Recht auf Ihre Meinung. Ihr Partner natürlich auch. Die Frage ist jedoch, ob Ihr Partner versteht, wie groß das Problem ist, das Sie mit diesem Punkt haben. Es erst nach einem halben Jahr gemeinsamer Unternehmungen oder womöglich nach mehreren Jahren Ehe anzusprechen, dürfte ziemlich merkwürdig wirken. »Warum hast du dafür so lange gebraucht?«, werden Sie dann wahrscheinlich zu hören bekommen. Oder auch gleich: »Entweder du nimmst mich, wie ich bin, oder …«

Menschen verändern ihre Persönlichkeit meist nicht sehr bereitwillig und niemand ist vollkommen. Deshalb müssen Sie dieses Gespräch mit sich selbst führen. Können Sie mit den Eigenheiten Ihres Partners leben, wenn Sie alles andere bedenken, was Sie an ihm mögen, oder verrät Ihnen ein Blick in Ihre Kristallkugel, dass diese Macken Sie immer mehr stören werden?

Halten Sie inne und überlegen Sie:
Wollen Sie sich wirklich auf Lebenszeit an Ihren Partner oder Ihre Partnerin binden?

Ein Mensch kann viele Fehler haben, von denen manche nur in Ihren Augen welche sind, wie etwa, dass jemand kein Traditionalist ist, wenn Sie das gern hätten. Andere hingegen wären für jeden ein Problem. Manche Menschen überfordert es anscheinend, immer die Wahrheit zu sagen. Andere haben ein riesiges Ego, das unentwegt gehätschelt werden will. Wieder andere sind Dramaqueens, die alles und jedes in eine gigantische

Inszenierung verwandeln. Die Verbindung Ihres Partners oder Ihrer Partnerin zur Herkunftsfamilie kann so stark sein, dass sie Ihre Beziehung verdirbt. Partner können psychische Probleme wie etwa Depressionen haben, mit denen ein gemeinsames Leben weniger Spaß machen wird. Jemand, der extrem sensibel und empfindlich ist und Ihnen das Gefühl gibt, Sie müssten immer wie auf Eiern gehen, kann das Zusammenleben sehr ungemütlich machen.

Halten Sie inne und überlegen Sie:
Welche großen und kleinen Fehler hat Ihr Partner beziehungsweise Ihre Partnerin?

Niemand ist vollkommen und auch Sie bringen Ihren Anteil an Unvollkommenheiten mit in die Beziehung ein. Problematisch an den Fehlern, die Sie an Ihrem Partner oder Ihrer Partnerin entdeckt haben, ist, dass sie nicht in die Entweder-Oder-Kategorie fallen. Sonst wäre es ja leicht, über die Zukunft der Beziehung zu entscheiden. Aber unter Umständen bleiben Ihre Zweifel bestehen. Dieser mit Fehlern behaftete Partner hat neben seinen Minuspunkten bestimmt auch einige Pluspunkte. Schließlich haben Sie sich ja einmal in ihn verliebt und Liebe kann mit ein paar Makeln fertigwerden. Oder nicht?

Jetzt sind Sie bei der schwierigsten Frage angekommen: Wiegen die Pluspunkte Ihrer Beziehung schwerer als die Minuspunkte? Wenn ja, wie viel schwerer? Wenn das Verhältnis 50/50 ist, rate ich Ihnen, sich aus dem Staub zu machen. Warum? Aller Wahrscheinlichkeit nach wird sich die Beziehung nicht bessern. In jeder Beziehung gibt es ab und zu steinige Strecken, und wenn Ihre Beziehung sowieso schon wackelig ist, dann wird sie beim nächsten auftauchenden Problem nicht mehr überlebensfähig sein. In so einer Situation fällt Ihnen die Entscheidung leicht, wenn Sie sie mit meiner Philosophie kombinieren, keine Zeit zu verschwenden: Gehen Sie und suchen Sie sich jemand anderen, dessen positive Eigenschaften wesentlich mehr Gewicht haben als die negativen. Aus meiner Sicht heißt 50/50: Auf Wiedersehen.

Aber wenn es nun 55/45 steht oder 60/40? Und können Sie solche Unterschiede überhaupt messen? Die Antwort lautet, dass der Unterschied wahrscheinlich nicht messbar ist, wenn das Verhältnis nahe 50/50 ist. Wenn Sie das versucht haben, haben Sie lediglich Ihre Zeit verschwendet. Wenn Sie in Gedanken stundenlang das Spiel »Bleib ich oder geh ich jetzt?« gespielt haben, dann brauchen Sie eine neue Strategie. Ihre Entscheidung kann sich nicht auf etwas Äußeres stützen wie das wunderbare Lächeln Ihres Partners oder seine Gewohnheit, an den Nägeln zu kauen. Wenn Sie Gutes und Schlechtes zusammenzählen, ergibt sich schließlich im Kopf eine Zahl, die nicht zu einer Entscheidung führt. Und das ist ein großer Fehler, wenn es um eine Beziehung geht. Sie müssen entscheiden, ob Sie bleiben oder sich trennen wollen, schon allein um Ihrer geistigen Gesundheit willen. Wenn Sie sich nicht zu einer Entscheidung durchringen, werden Sie dauernd über das nachdenken, was Sie an Ihrem Partner attraktiv finden und was nicht, und sich damit völlig verrückt machen. Wenn Sie beschließen, zu bleiben, dann können Sie lernen, die Fehler Ihres Partners zu übersehen. Aber wenn Sie einfach so in der Beziehung dahintrudeln, dann werden diese Fehler Sie verfolgen, solange Sie zusammen sind. Sie müssen also eine Philosophie entwickeln.

Meine habe ich Ihnen in diesem Buch schon mehrmals vorgestellt, aber ich möchte sie hier noch einmal zusammenfassen: Den Menschen wird viel zu wenig Zeit auf dieser Erde gewährt, und das Leben ist zu kostbar, um es zu verschwenden. Wenn Sie eine Beziehung beurteilen und sie ist es eindeutig nicht wert, dann sollten Sie schnellstens aussteigen.

Ich habe meine Philosophie auf der Basis meiner Lebenserfahrungen entwickelt. Ich habe meine Familie verloren und bin mehrmals dem Tod nur knapp entronnen. Deshalb habe ich die Überzeugung entwickelt, dass ich meine Tage mit möglichst viel Glück füllen muss, um meiner selbst willen, aber auch zu Ehren meiner verstorbenen Familienmitglieder. Es ist falsch, sich im Elend zu suhlen, deshalb schaue ich stets nach vorn. Und wenn diese Philosophie dazu führt, dass ich einen Fehler mache, dann akzeptiere ich das. Das ist ein wichtiger Punkt. Sie entscheiden sich vielleicht für eine völlig andere Philosophie. Sie können Ihr Schicksal dem Zufall überlassen und statt Entscheidungen zu treffen, einfach abwarten, was als Nächstes auf Sie zukommt. Diese Philosophie ist in Ordnung, solange Sie dann akzeptieren, was Ihnen widerfährt. Aber wenn Sie in einer Beziehung schmoren, die Ihnen nicht die erhoffte Freude bringt, dann sind Sie Ihrer eigenen Philosophie untreu geworden. Sie sind dann nicht mehr sorglos und nehmen Ihr Leben an, sondern lassen einfach zu, dass Sie unglücklich sind.

Halten Sie inne und überlegen Sie:
Haben Sie es in der Hand, wie viel Glück oder Unglück Sie erleben?

Manche Menschen haben die Philosophie, beim Auftreten eines Problems so lange daran zu feilen, bis es besser wird. Treten in ihrer Beziehung Probleme auf, bearbeiten solche Menschen sie aufgrund ihrer Philosophie einfach unverdrossen. Das ist in Ordnung, solange sie solche Herausforderungen mögen und sich nicht ständig über ihre Beziehung beklagen.

Manche haben die Märtyrerrolle übernommen. Sie erwarten geradezu, dass Dinge schiefgehen, und wenn das dann wirklich der Fall ist, sehen sie es als ihr Schicksal an, statt sich um eine Lösung zu bemühen. Diese Philosophie hält sie nicht davon ab, sich in einer schlecht funktionierenden Beziehung schlecht zu fühlen, aber statt viel Zeit mit Sorgen zu verschwenden, akzeptieren sie es einfach.

Andere sind sehr religiös und wenden sich dem Gebet zu. Ich gehe zwar ziemlich regelmäßig in die Synagoge und bete, aber mit so etwas wie einer schlechten Beziehung behellige ich Gott nicht. Ich mache einfach die nötigen Schritte, um mich herauszulösen. Wenn die Menschen ihr Schicksal in Gottes Hand legen wollen, ist das ihre Angelegenheit, aber sie sollten nicht nur für ein besseres Leben beten, sondern auch aufhören, ihr Los zu beklagen.

Andere wenden sich der Recherche zu, überwiegend im Internet. Sie lesen so viel sie können über Beziehungen, fahnden nach Beispielen, die dem gleichen, was sie selbst gerade durchmachen, und suchen nach einer Antwort. Wenn Sie diesen Weg einschlagen, müssen Sie sich ein Limit setzen, wie viel Recherche Sie betreiben wollen. Sehr wahrscheinlich findet sich die Antwort nicht online, sondern in Ihrem eigenen Gehirn. Es geht um eine Entscheidung, die Sie treffen müssen, und vermutlich haben Sie schon mehr Informationen, als Sie brauchen. Wenn Sie sich mit diesen Recherchen besser fühlen und Ihre Beziehungsprobleme nicht allzu schwerwiegend sind, dann können Sie mit diesem Ansatz Erfolg haben. Ich sollte mich nicht darüber beklagen, denn er ist wahrscheinlich der Grund dafür, dass Sie dieses Buch gekauft haben. Denn man kommt nur bis zu einem bestimmten Punkt, wenn man eine Beziehung mithilfe von Recherche analysiert. Ihre letztendliche Entscheidung hat viel mit Ihren Gefühlen zu tun und die sind in Ihnen angesiedelt, nicht in einem Computer. Wenn Sie lernen, Ihre Gefühle zu analysieren, ist das in Ordnung, aber allein kommen Sie nur bis an einen gewissen Punkt. Irgendwann könnten Sie professionelle Anleitung brauchen, und die empfehle ich dringend.

WIE MAN WEGGEHT

Wenn Sie beschlossen haben, Ihre derzeitige Beziehung zu beenden, ist Ihr nächster Schritt, sich zu überlegen, wie Sie genau vorgehen wollen. Wenn Sie nicht zusammenleben, ist es leichter, den Bruch durchzuziehen. Aber wenn Sie Ihren Lebensraum miteinander teilen, dann ist mit einer hässlichen Trennung noch weiterer Schmerz vorprogrammiert, da Sie sich nicht so leicht aus dem Weg gehen können.

Wenn Sie weggehen, weil Ihr Partner verbale oder körperliche Gewalt angewendet oder Sie betrogen hat – wenn Sie also triftige Gründe für Ihr Weggehen und folglich wenige Gewissensbisse haben –, dann brauchen Sie es nicht allzu kompliziert machen. Allerdings müssen Sie sich sorgfältig vorbereiten. Sie wollen vielleicht den anderen überrumpeln und ganz sicher nicht selbst überrumpelt werden.

Wenn Ihre Finanzen in irgendeiner Weise miteinander verflochten sind oder Sie gemeinsame Dokumente wie einen Mietvertrag unterschrieben haben, dann ziehen Sie einen Anwalt zurate. Warum? Sie können diesen Menschen, der bald Ihr Ex-Partner oder Ihre Ex-Partnerin sein wird, vielleicht dazu bewegen, bestimmten Dingen zuzustimmen, solange Sie noch ein gutes Verhältnis haben. Aber nachdem Sie sich verabschiedet haben, werden Sie verwundbarer sein und vielleicht hat Ihr Gegenüber das Gefühl, Sie seien unfair gewesen, und möchte sich rächen. Ein Anwalt kann Sie durch dieses Minenfeld führen und Ihnen helfen, mit möglichst geringem Schaden davonzukommen.

Halten Sie inne und überlegen Sie:
Gibt es nach einer Trennung noch etwas, wofür Sie rechtlich oder finanziell verantwortlich sind?

Eine wichtige Frage kann die Wahl des Zeitpunkts sein. Wenn Sie ohne jede Vereinbarung gehen, geben Sie vielleicht wichtige Rechte auf. Manchmal lohnt es sich, lieber noch eine Weile auszuhalten, um sich eine Menge Kummer in späteren Schlachten zu ersparen. Hier spreche ich zu Leserinnen und Lesern, die verheiratet sind oder zusammenleben: Ihr Leben ist viel enger mit dem des anderen verknüpft als das von Paaren, die eine Beziehung, aber keine gemeinsame Wohnung haben.

Könnte Ihre Trennung nach dem Muster »Lass uns Freunde bleiben« verlaufen? Das gibt es durchaus, aber sind Sie sicher, dass das bei Ihnen möglich ist? Eine Trennung ist sehr schmerzhaft – nicht nur für Sie, sondern auch für Ihren Partner oder Ihre Partnerin. Die Menschen reagieren in so einer Stresssituation unterschiedlich. Daher schlage ich vor, dass Sie sich auf den schlimmsten Fall vorbereiten und gleichzeitig das Beste hoffen.

Halten Sie inne und überlegen Sie:
Wie wird Ihr Partner oder Ihre Partnerin wahrscheinlich reagieren, wenn Sie offenbaren, dass Sie gehen wollen?

Wenn Sie Ihrem Partner oder Ihrer Partnerin sagen, dass Sie gehen werden, haben Sie vielleicht auch den Wunsch, sich ein paar Dinge von der Seele zu reden. Doch wenn Sie den ersten Schritt machen, spricht schon das allein Bände. Sie brauchen sich auch nicht zu rechtfertigen. Wird es Ihnen besser gehen, wenn Sie Ihre Gefühle zum Ausdruck bringen? Vielleicht, aber es kann auch zu einem letzten Streit führen, nach dem es Ihnen viel schlechter geht. Ziehen Sie Ihre Befriedigung aus der Tatsache, dass Sie derjenige sind, der die Entscheidung trifft, und ziehen Sie den Prozess nicht unnötig in die Länge.

Psychologisch gesehen, ist Ihr wichtigstes mentales Werkzeug Ihre Entschlossenheit. Falls Sie noch schwankend wirken, sobald Sie Ihre große Entscheidung vorbringen, wird das den ganzen Ton des Gesprächs verändern. Ihr Gegenüber wird spüren, dass da noch Spielraum ist, und vielleicht versuchen, Sie zurückzugewinnen – das macht den Abschluss schwierig. Und ein Abschluss ist wichtig, weil Sie hinterher nicht von SMS-Nachrichten, E-Mails und Nachrichten auf dem Anrufbeantworter überschwemmt werden wollen, mit denen Ihr Partner oder Ihre Partnerin Sie bittet, wieder zurückzukommen. Vielleicht können Sie nicht verhindern, dass diese Klagelieder bei Ihnen ankommen, aber Sie können es wenigstens versuchen. Tun Sie Ihr Möglichstes, um klarzustellen, dass die Beziehung zu Ende ist. Damit Ihnen das gelingt, müssen Sie selbst zu 100 Prozent daran glauben und das dann auch Ihrem Gegenüber klarmachen. Wenn Sie auch nur den kleinsten Spielraum lassen, werden Sie es bereuen. Die Zeit für Spielraum ist die Phase, bevor Sie sich verabschieden. Geben Sie diesem wichtigen Menschen in Ihrem Leben jede Gelegenheit, die Beziehung in eine gute zu verwandeln. Das sind Sie sich beiden schuldig.

Aber lassen Sie nicht zu, dass der Prozess ewig dauert. Sobald Sie ein zeitliches Limit gesetzt haben, müssen Sie sich daran halten.

Dr. Ruth Westheimer

@AskDrRuth

Ein Abschied muss endgültig sein. Spielraum gibt es jetzt nicht mehr.

Jetzt werde ich mir selbst ein wenig widersprechen, aber Menschen sind so komplex, dass nicht alles für jeden passt. Höchstwahrscheinlich haben Sie sich schon einmal über Streiks der einen oder anderen Art geärgert. Sie sagen sich: Die Kontrahenten werden sich am Ende ja doch irgendwann einigen, warum müssen sie dann alle Welt mit ihren Streiks belästigen? Die Antwort lautet, dass das Spiel mit dem Feuer ein menschlicher Grundzug ist. Jeder braucht es gelegentlich, an den Rand gebracht zu werden, um einen Kompromiss zu schließen. Wenn ein Paar sich trennt, kann es passieren, dass der Partner, der bisher keinen Kompromiss schließen wollte, noch einmal einen Blick auf die Situation wirft und dann ein Gegenangebot macht. Dann müssen Sie entscheiden, ob Sie noch einmal in eine neue Verhandlungsrunde einsteigen wollen. Dazu müssen Sie wiederum einige Fragen beantworten.

Die erste Frage lautet: Ist es ein ehrliches Angebot? Wenn ein Angebot unter Zwang gemacht wird (und wenn Sie sagen, Sie gehen, ist das eine Art von Zwang), dann kann es sein, dass Ihr Partner oder Ihre Partnerin es gar nicht ehrlich mit diesem Angebot meint. Es ist vielleicht nicht ernst zu nehmen, zumindest nicht auf lange Sicht. Da Sie sich geliebt haben und diesen

Menschen gut kennen, können Sie das einschätzen. Wenn Ihr oder Ihre Ex jemand ist, dem Sie nicht trauen können, gehen Sie weg. Aber wenn Sie das Gefühl haben, dass er oder sie sich tatsächlich an diesen Kompromiss halten wird, dann müssen Sie erneut eine Entscheidung fällen.

Eine weitere sehr wichtige Frage ist: Wollen Sie noch einmal in diese Beziehung zurück? Vielleicht hat Ihnen der Entschluss zu gehen eine riesige Last von den Schultern genommen. Möglicherweise können Sie es kaum erwarten, endlich wieder frei Ihrer Wege zu ziehen. Sie fühlen sich vielleicht schlecht, wenn Sie das Angebot zurückweisen, wissen aber, dass Ihre Entscheidung letztlich richtig ist. In diesem Fall müssen Sie einfach nur standhaft bleiben. Wenn Sie der Diskussion ein Ende machen wollen, bitten Sie um Bedenkzeit, auch wenn Sie schon wissen, dass Sie nicht nachgeben werden und die Strategie für Ihren Abgang bereits entworfen haben.

Halten Sie inne und überlegen Sie:
Sind Sie sich zu 100 Prozent sicher, dass Sie gehen wollen?

Wenn Sie hingegen heimlich die Hoffnung hatten, dass Ihre Ankündigung der Trennung Ihren Partner oder Ihre Partnerin zu der Bitte veranlassen würde, dass Sie bleiben: Bitte schön, dann nehmen Sie das Angebot an. Wenn Sie später erkennen, dass Ihre ursprüngliche Entscheidung die richtige war, können Sie sie immer noch in die Tat umsetzen. Wenn Sie der Beziehung noch einmal eine Chance geben, werden Sie das nächste Mal mit mehr Überzeugung gehen, falls es dazu kommt.

Doch wie gut das Angebot Ihres Partners oder Ihrer Partnerin auch sein mag, es kann noch ein besseres nachkommen, wenn Sie noch ein Weilchen aushalten. Deshalb sollten Sie Ihrem Partner nicht automatisch wieder in die Arme fallen. Schließlich waren Ihre Klagen und Ihr Kummer berechtigt und nicht so belanglos, dass Ihr Gegenüber jetzt alles ganz anders machen kann. Manche Verhaltensweisen sind fest verwurzelt und lassen sich nur mit sehr großer Mühe ablegen. Im Grunde weiß keiner von Ihnen beiden, ob sich die Beziehung noch einmal in Ordnung bringen lässt. Geben Sie sich Zeit und schützen Sie Ihr Herz für den Fall, dass Sie innerhalb von Wochen, Tagen oder gar Stunden erkennen, dass Ihr Entschluss zu gehen der richtige war.

Es kann auch sein, dass Ihr Partner oder Ihre Partnerin das Angebot aus Verzweiflung gemacht hat. Wenn Ihr Weggang unerwartet kam, kann der Gedanke, Sie zu verlieren, so schrecklich gewirkt haben, dass Ihr Gegenüber zu jeglicher Konzession bereit war. Wenn der andere noch nie auf die Idee gekommen war, sich zu trennen, kann Ihr Vorstoß auch der zündende Funke sein, den er braucht, um seinerseits zu der Einsicht zu kommen, eine Trennung sei das Beste. Selbst wenn Sie sich noch einmal auf eine Fortsetzung der Beziehung einlassen, sollten Sie nicht aus allen Wolken fallen, wenn der andere nun den Spieß umdreht und selbst Tschüss sagt.

Habe ich Sie verwirrt, als ich Sie zuerst aufgefordert habe, bei Ihrem Entschluss zu bleiben, und dann sagte, es sei in Ordnung, diesen Menschen noch einmal in Ihr Leben zu lassen? Wenn Sie in meiner Praxis wären und ich wüsste über alle Einzelheiten der Beziehung Bescheid, würde ich mich nicht so schwammig ausdrücken, aber ich weiß nichts über Ihre

Beziehung, und deshalb wäre es eine Dummheit, dafür verbindliche Regeln aufzustellen. Wenn Sie wirklich verwirrt sind – nicht von meinen Ratschlägen, sondern weil Ihre Beziehung so komplex ist –, dann holen Sie sich Hilfe. Professionelle Hilfe wäre das Beste, aber wenn Sie dafür nicht die Mittel haben, dann wenden Sie sich an einen älteren Menschen in der Verwandtschaft, dem Sie vertrauen, oder an einen Geistlichen.

Und wie steht es mit Freunden? Sie werden Ihre Freunde in Ihrem neuen Leben als Single brauchen, als Stütze für Ihre Lebensgeister und als Hilfe dafür, sich vom Schmerz der Trennung zu lösen. Wenn jemand aus Ihrem Freundeskreis oder gar mehrere Personen bei der Trennung mitgemischt haben, wird Ihr Anblick Sie ständig daran erinnern, was Sie gerade hinter sich gebracht haben. Deshalb gilt: Je weiter Sie sie aus dem Prozess heraushalten können, desto besser.

Und wenn Sie Ihre Probleme einer Freundin, einem Freund anvertrauen, die Ihnen am Ende den falschen Rat geben? Dann wären Sie zu Recht wütend und würden vielleicht nicht nur Ihren Partner oder Ihre Partnerin, sondern obendrein auch noch den Freund oder die Freundin verlieren. Bitten Sie Ihre Freunde, Ihnen über diesen Bruch hinwegzuhelfen, indem sie Sie unterstützen und nicht indem sie die Rolle eines Analytikers übernehmen. Am Ende ist Ihnen damit mehr gedient.

Kehren wir wieder zum aktuellen Thema zurück und fragen: Wie sollten Sie gehen? Sie sollten persönlich mit Ihrem Partner beziehungsweise Ihrer Partnerin sprechen, falls Sie nicht in einer Fernbeziehung leben oder Ihr Gegenüber ausfällig oder gar gewalttätig werden könnte. In letzterem Fall haben Sie meinen Segen dafür, sich bei Nacht und Nebel aus dem Staub zu machen und nie mehr etwas von sich hören zu lassen.

Andernfalls sollten Sie nicht auf unpersönliche Weise verschwinden, nur weil es Ihnen schwerfällt, es persönlich anzukündigen. Die Erfahrung hat Sie wahrscheinlich gelehrt: Je schwieriger etwas zu bewerkstelligen ist, desto größer ist hinterher die Belohnung. In diesem Fall besteht die Belohnung darin, dass Sie weniger Schuldgefühle haben werden. Vielleicht fühlen Sie sich so oder so schuldig, aber wenn Sie ohne richtigen Abschied weggehen, werden Sie mehr Schuldgefühle haben.

Ein weiterer Grund dafür, Ihrem oder Ihrer künftigen Ex persönlich zu sagen, dass Sie gehen, ist auch, dass dieser Mensch sonst aller Welt erzählt, Sie hätten per SMS, E-Mail, einer Nachricht auf dem Anrufbeantworter, mit einem Haftzettel am Spiegel oder gar einer Aufkündigung der Freundschaft bei Facebook Schluss gemacht, was ein schlechtes Licht auf Sie wirft. Warum sollte Ihnen etwas daran liegen, was seine Freunde und Angehörigen von Ihnen denken? Der Haken ist, dass Ihr Ex dann gut dasteht. Ganz gleich, was für ein mieser Partner oder eine miese Partnerin Sie neben sich gehabt haben mögen: Wenn die Art und Weise Ihres Abgangs sich als taktlos und ungehobelt interpretieren lässt, haben Sie am Ende den Schwarzen Peter. Und das nur, weil Sie sich eine unerfreuliche letzte Begegnung oder einen hässlichen Streit ersparen wollten. Ihr guter Ruf ist mehr wert.

Das Gespräch braucht nicht stundenlang zu dauern, allerdings könnten Sie beide in Versuchung sein, den Abschied in die Länge zu ziehen. In der direkten Kommunikationssituation bleibt Ihnen nichts anderes übrig, als Ihren Partner oder Ihre Partnerin ausreden zu lassen, aber Sie brauchen nicht zu antworten. Wenn Sie sich entschieden haben, dann sorgen Sie auch dafür, dass Sie nicht in ein langes Streitgespräch hineingezogen werden. Sie haben dem anderen längst mitgeteilt, was Ihnen an Ihrer Beziehung missfällt, sodass Sie sie jetzt nur noch zum Abschluss bringen. Wenn Ihr Partner keine Ahnung hatte, dass sich eine Trennung abzeichnet, dann muss ich sagen, dass Sie etwas nicht richtig gemacht haben. Wenn Sie ganze Jahre miteinander verbracht haben, ohne sich je zu beklagen, und plötzlich gehen, dann wäre jeder schockiert und verwirrt. Manche Leute bekommen subtile Andeutungen nicht mit, und wenn Ihr Partner oder Ihre Partnerin dazu gehört, dann ist es Ihre Pflicht, etwas deutlicher zu werden.

So, Schluss jetzt mit den Ausnahmen. Egal, was mit Ihrer Beziehung nicht in Ordnung sein mag: Aller Wahrscheinlichkeit nach haben Sie beide schon eine ganze Weile davon gewusst. Sie sind sich vielleicht nicht darüber einig, wen mehr Schuld trifft oder was nötig ist, um das Miteinander wieder anzukurbeln, aber man kann getrost davon ausgehen, dass der Abschied nicht völlig überraschend kommt. Das heißt nicht, dass er leicht zu meistern sein wird – obwohl es auch Paare gibt, die sich als Freunde trennen, und das ist kein schlechtes Ziel. Wie Sie sich verabschieden, wird eine Rolle dafür spielen, welche Gefühle Sie hinterher füreinander haben.

Ob Sie als Freunde auseinandergehen können, wird davon abhängen, warum Sie kein Paar bleiben können. Ist das Verlangen nach einer Trennung einseitig oder haben Sie beide Ihre Meinung vom jeweils anderen geändert? Wenn Sie sich beide weiterentwickelt haben, ist ein freundliches Auseinandergehen eher wahrscheinlich. Wenn hingegen nur einer von beiden unzufrieden ist, dann muss Ihr Ziel sein, die Trennung so einfach wie möglich zu vollziehen, statt einige Wurzeln zurückzulassen, die Sie für immer verbinden werden.

Wenn Sie gemeinsame Kinder haben, haben Sie keine andere Wahl, als in Verbindung zu bleiben. Ihre Beziehung so zivilisiert wie möglich zu gestalten, ist dann wichtig – wenn nicht um Ihretwillen, dann um der Kinder willen.

Unabhängig davon, ob Sie Freunde bleiben wollen, sollten Sie Ihre Trennungsabsichten nicht wie eine Bombe platzen lassen. Da diese Trennung eine große Veränderung im Leben Ihres Partners oder Ihrer Partnerin mit sich bringen wird, sollten Sie das Ende so sanft wie möglich ankündigen und dafür sorgen, dass Ihr Gegenüber sich darauf einstellen kann. Erinnern Sie sich daran, dass ich gegen Drohungen bin, aber das heißt nicht, dass Sie keine Hinweise geben können. Sie könnten sie etwa auf folgende Weise formulieren, die die Verantwortung klar Ihrem Partner oder Ihrer Partnerin zuordnet: »Dir liegt anscheinend wirklich nichts daran, mit mir zusammenzubleiben, oder?« »Ich erkenne den, den ich vor einem Jahr kennengelernt habe, nicht mehr wieder.« Oder: »Zeigst du so deine Liebe zu mir?« Wenn Sie das allzu oft machen, wird man Ihnen nicht mehr glauben, wenn Sie tatsächlich für immer die Tür hinter sich zumachen wollen. Daher müssen Sie diese Sätze klug einsetzen. Wenn Ihr Partner oder Ihre Partnerin etwas tut, was Sie wirklich ärgert, dann können Sie so etwas sagen, aber nicht jedes Mal, wenn nicht alles glatt läuft.

Ich gebe zu, dass ich ein ungeduldiger Mensch bin. Wenn ich die Grenze meiner Belastbarkeit erreicht habe, möchte ich mein Lieblingswort sagen können: »Erledigt.« Und doch rate ich Ihnen hier gerade, den Prozess in die Länge zu ziehen. Der Grund dafür ist, dass Sie und Ihr Partner oder Ihre Partnerin sich einmal geliebt haben, und vielleicht tun Sie das ein Stück weit noch immer. Sie haben den Entschluss gefasst, die Beziehung zu beenden, daher sind Sie es Ihrer früheren Liebe schuldig, diese Trennung ein bisschen weniger schmerzhaft zu machen. Indem Sie auf Ihre Ankündigung hinarbeiten, werden Sie zugleich auch auf Ihre eigene Entschlossenheit hinarbeiten. Jedes Mal, wenn Ihr Partner etwas tut, was Sie sehr stört, und Sie darauf hinweisen, es könnte das letzte Mal sein, dass Sie ihm das durchgehen lassen, werden Sie ein bisschen mehr von Ihrem Entschluss überzeugt sein. Denn zu Beginn dieses Prozesses werden Sie wahrscheinlich einige Zweifel haben. Wenn Sie Ihren Abgang planen und die Fundamente dafür legen, werden Sie sehen, dass Sie sich wesentlich besser fühlen, wenn Sie irgendwann sagen: »Das war's.« Sie werden sich aber dennoch elend fühlen, selbst wenn Sie Ihren Partner hassen. Sie werden um die Liebe trauern müssen, die gestorben ist. Die Trennung wird nicht leicht sein, doch je besser Sie darauf vorbereitet sind, desto besser werden Sie sich in dem Moment fühlen, in dem Sie sagen, dass es aus ist.

Und ich warne Sie: Je mehr Sie einander geliebt haben, desto tiefer wird die Verletzung gehen. Irgendwann einmal hatte die Beziehung das Potenzial zu einer dauerhaften Verbindung; folglich werden Sie jetzt, da sich Ihre Liebe in Luft aufgelöst hat, um das trauern, was hätte sein können. Je besser am Anfang alles aussah, desto größer wird Ihr Verlustgefühl sein und desto schmerzhafter wird es sein. Aber das heißt auch, dass Sie zu einer tiefen Liebe fähig sind, und Sie werden jemand anderen finden. Sie müssen an dem Glauben festhalten, dass irgendwo auf der Welt ein Partner oder eine Partnerin auf Sie wartet.

Und bitte: Versuchen Sie Ihre Gefühle nicht zu unterdrücken. Das ist schwer, aber wenn Sie verhindern wollen, von einer Emotion überwältigt zu werden, gibt es dafür nur einen Weg. Sie müssten sich von allen Emotionen abschneiden, nicht nur von der Trauer. Wenn Sie Ihre Emotionen unterdrücken, kann es schwierig werden, sie später wieder zuzulassen. Stellen Sie sich ein Leben vor, in dem Sie nie mehr lachen, keine Freude empfinden, weder lieben noch weinen. Sie sollten Ihre Trauer nicht übertreiben, sie aber auch nicht verdrängen.

Was genau sollten Sie sagen? Ich bin keine Drehbuchautorin und Sie leben nicht in einem Film. Sie können das, was Sie sagen wollen, immer wieder proben, aber an diesem Gespräch nimmt auch Ihr Partner beziehungsweise Ihre Partnerin teil. Sobald Sie Ihren ersten Satz gesagt haben, wissen Sie nicht, wie der Rest des Gesprächs verlaufen wird.

Mein wichtigster Rat für Sie lautet: Hören Sie zu! Nachdem Sie gesagt haben, dass Sie gehen, wird Ihr Gegenüber wahrscheinlich vor allem das Rauschen des Blutes im Kopf hören, aber ganz gewiss nicht das, was Sie sagen. Selbst wenn Sie ihn vom Reden abhalten, indem Sie etwa sagen: »Hör dir erst einmal an, was ich zu sagen habe«, wird eine Flut von Gedanken in seinem Kopf verunmöglichen, dass er Ihnen wirklich Aufmerksamkeit schenkt. Statt zu versuchen, sich zu erklären, sollten Sie lieber auf das hören, was Ihr Partner sagt. Wenn er Ihnen direkte Fragen stellt, werden Ihre Antworten wahrscheinlich zu ihm durchdringen. Aber wenn Sie einen Monolog halten wollen, wird Ihr Publikum Ihnen nicht zuhören.

Bei jeder anderen Gelegenheit, bei der Sie beide eine ernsthafte Diskussion oder Auseinandersetzung hatten, war es wichtig, dass Ihre Meinung beim anderen ankam. Sie haben versucht, Ihre Partnerin davon zu überzeugen, dass Sie recht hatten. Aber bei diesem letzten Gespräch geht es nicht mehr um Recht oder Unrecht. Das Einzige, was Sie noch zu kommunizieren haben, ist, dass Sie gehen. Und dafür ist kurz und knapp das Beste, zumindest für Ihr Seelenheil. Ihre Partnerin versucht vielleicht, sich an der Vergangenheit festzuhalten, aber an diesem Punkt schauen Sie nur noch nach vorn, und zwar in eine Zukunft ohne sie.

Und wenn Sie eine Fernbeziehung haben? Dass Sie den Schlussstrich nicht persönlich ziehen können, macht die Diskussion gleichzeitig schwerer und einfacher. Der härtere Teil ist überwiegend Ihrem Partner überlassen. Er wird wahrscheinlich das Gefühl haben, es wäre gar nicht zur Trennung gekommen, wenn Sie mehr Zeit zusammen gehabt hätten, und jetzt könne er nichts dagegen unternehmen, weil diese Trennung nicht direkt und persönlich vollzogen wird. Das macht es Ihnen leichter, je nachdem, welche Methode Sie für die Trennung wählen – schriftlich oder mit einem Anruf oder einem Videoanruf. Aber Sie könnten auch viel mehr Gewissensbisse haben, weil Sie die Beziehung aus der Ferne beenden, und das kann dann ein Gegengewicht zum »einfacheren Teil« sein.

Ein Vorteil einer Trennung per Brief oder E-Mail ist, dass Sie Zeit haben, den Text zu formulieren, sodass Sie die gedanklichen Prozesse, die zu dieser Entscheidung geführt haben, umfassend darlegen können. Was ich vorhin gesagt habe, nämlich dass Ihr Partner oder Ihre Partnerin Sie nicht hören wird, trifft hier nicht zu. Der andere wird das, was Sie geschrieben haben, vermutlich sogar mehrmals lesen, ehe er überhaupt den Versuch macht, irgendetwas zu erwidern. Und weil Sie sich nicht persönlich verabschieden, schulden Sie ihm auch eine ausführlichere Erklärung. Sie wollen ja nicht, dass Ihre Mitteilung als billiger Ausweg gesehen wird. Sie wollen nicht, dass Ihr Ex sagt: »Warum konntest du nicht warten, bis wir uns sehen?« Indem Sie ins Detail gehen, können Sie klar ausdrücken, dass das Ende unvermeidlich war, ob Sie sich direkt gegenüberstehen oder nicht.

Wenn Sie sich von dieser Vergangenheit mit Ihrem Ex-Partner oder Ihrer Ex-Partnerin lösen, ist die nächste Frage, wie bald nach der Trennung Sie wieder anfangen sollten, sich zu Dates zu verabreden. Ich weiß, ich weiß, Sie sagen gerade: »Dr. Ruth, es ist viel zu früh, daran zu denken.« Aber wissen, wann man wieder anfangen soll, sich mit möglichen Partnern zu treffen, ist der Schlüssel zum Start in die neue Phase Ihres Lebens. Sie sind ja gegangen, um jemanden zu finden, der Sie so lieben wird, wie Sie gern geliebt werden möchten. Ihrer seelischen Gesundheit zuliebe sollten Sie sich sagen: »Ich bin nicht mehr Teil eines Paares, aber ich möchte nicht den Rest meines Lebens als Single verbringen.« Sie werden ganz bestimmt nicht in die Dating-Szene eintauchen, sobald Sie sich getrennt haben, aber weisen Sie die Vorstellung, sich zu verabreden, nicht zu weit von sich. Denen, die beschlossen haben, ein Leben allein sei der bessere Weg, rate ich: Schauen Sie sich diesen Entschluss genau an, um zu sehen, wie sehr er von einer schlechten Beziehungserfahrung geprägt wurde. Ich schätze, dass Sie nach einer Weile die Vorteile vermissen werden, die Ihnen eine liebevolle Beziehung – die Sie am Ende nicht mehr hatten – bieten kann.

Wann Sie anfangen, sich zu Dates zu verabreden, ist eine individuelle Entscheidung, aber ich würde sagen, Sie sollten aus mehreren Gründen lieber früher als später damit beginnen.

Ein langer Aufschub wird es Ihnen schwerer machen, wieder mit Verabredungen anzufangen. Sie könnten die Frage nach dem richtigen Zeitpunkt zu einer Entscheidung von großer Tragweite machen, aber das muss nicht sein. Je mehr Druck Sie in diese neue Lebensphase hineingeben, desto mehr Spannung werden Sie bei einem ersten Date erleben. Wenn Sie relativ schnell wieder in den Dating-Pool springen, wird beim ersten Date nicht so viel Druck da sein. Und je früher Sie wieder Verabredungen treffen, desto leichter wird es Ihnen fallen, das Gefühl der Einsamkeit und der Sehnsucht nach Ihrem oder Ihrer Ex zu vertreiben. Sie werden vom Blick zurück auf den Blick nach vorn umschalten. Sie werden aufhören, die schrecklichen Momente Ihrer letzten Beziehung innerlich immer wieder an sich vorbeiziehen zu lassen, und stattdessen angenehme Fantasien über Ihre Zukunft entwickeln.

Aber wenn Sie wieder mit Daten angefangen haben, hüten Sie sich vor Verabredungen aus Rache: Hoffen Sie nicht, dass die Kunde zu Ihrem oder Ihrer Ex durchdringt, dass Sie nicht zu Hause sitzen und Trübsal blasen. Das könnte Sie schnurstracks in eine neue Reihe von Problemen führen. Denken Sie daran, dass Sie unter anderem gegangen sind, damit Sie einen Neustart machen und Ihr Glück finden können. Je früher Sie sich auf den Weg dorthin machen, desto leichter werden Sie die Zeit vergessen können, die Sie verschwendet haben. Lassen Sie ruhig jedermann wissen, dass Sie für Begegnungen mit neuen Menschen offen sind. Aber seien Sie auch wachsam, damit Ihr hüpfendes Herz in den Armen eines Menschen landet, der Sie wirklich gern hat.

Kann es jemals zu früh sein, eine neue Beziehung anzufangen? Das hängt von Ihrem Motiv und der anderen Person ab.

Vielleicht haben Sie sich lange Zeit elend gefühlt und das macht Sie für die falsche Art von Partner anfällig. Aber wenn Sie jemanden kennenlernen, der Ihrem Gefühl nach der oder die Richtige sein könnte, dann sollten Sie auch nicht auf Verabredungen mit diesem Menschen verzichten. Um diesen Entschluss zu fassen, müssen Sie sich selbst kennen. Wenn Sie sich schwach fühlen, fangen Sie mit niemandem etwas Ernstes an. Wenn Sie sich stark fühlen, seien Sie achtsam, aber auch nicht übervorsichtig.

SIE KÖNNEN SICH IMMER NOCH NICHT ENTSCHEIDEN

Sie haben über alle meine Ratschläge nachgedacht und Ihre aktuelle Situation gründlich betrachtet – und doch sind Sie Ihrer Entscheidung, ob Sie bleiben oder gehen sollen, nicht nähergekommen?

Kinder wollen auch deshalb erwachsen werden, weil sie dann selbst Entscheidungen treffen können, statt dass ihre Eltern für sie entscheiden. Wenn sie dann erwachsen sind, entdecken sie, dass Entscheidungen nicht immer so leicht sind, wie es aussieht. Bei ihnen geht es fast nie um eine Wahl zwischen Schwarz und Weiß, sondern eher zwischen verschiedenen Grauschattierungen. (Jawohl, ich habe alle drei Bände von »Fifty Shades of Grey« gelesen. Sehen Sie, ich kann Ihre Gedanken lesen!)

Einer der Gründe dafür, dass Sie festsitzen, ist, dass diese Entscheidung so schwerwiegend ist; deshalb wollen Sie keinen Fehler machen. Sie möchten keine Entscheidung treffen, die Sie später bereuen.

Die Menschen kommen zu mir, um sich Rat zu holen, und wenn sie in meiner Praxis sind, zögere ich auch nicht, ihnen diesen Rat zu geben. Aber halten Sie sich vor Augen, dass ich Verhaltenstherapeutin bin, keine Psychologin oder Psychiaterin. Statt Dinge zu analysieren, versuche ich den Menschen dadurch zu einer Verbesserung ihres Lebens zu verhelfen, dass ich sie dazu bringe, sich in einer bestimmten Weise zu verhalten. Wenn ein Paar zu mir kommt und die Frau hat Schwierigkeiten, einen Orgasmus zu bekommen, dann gebe ich beiden Partnern Hausaufgaben, die ihr Problem normalerweise lösen. Welche Hausaufgaben würde ich Ihnen geben, einem Menschen, der weder ein noch aus weiß?

Zuerst müssen Sie irgendetwas unternehmen und aktiv werden, um die Dinge in Gang zu bringen. Fangen Sie klein an. Um welche kleine Verhaltensänderung oder welchen Gefallen könnten Sie Ihren Partner oder Ihre Partnerin bitten? Dieser Gefallen müsste mit einem der Probleme zusammenhängen, die Sie miteinander haben. Nehmen wir beispielsweise an, ein solches Problem wäre, dass Ihr Partner nie bei Ihren Eltern zu Abend essen möchte. Er will auch nicht bei seinen eigenen Eltern zu Abend essen, aber das stört Sie nicht so sehr. Doch immer allein, ohne Ihren Partner, zu Ihren Eltern zum Abendessen zu gehen, ist Ihnen peinlich, besonders angesichts der vielen Fragen, die Ihnen dann jedes Mal gestellt werden. Sie schlagen also folgerichtig einen Kompromiss vor. Sie möchten, dass er mit Ihnen und Ihren Eltern zusammen in einem Restaurant essen geht – an einem neutralen Ort –, sodass er sich weniger bedroht fühlt oder was auch immer er für ein Problem damit hat, zu Ihnen nach Hause zu gehen. Und Sie haben den Entschluss gefasst, dass Sie dann, wenn er sich weigert, die Beziehung aufgeben werden. Diese Weigerung wird die Waagschale vom Graubereich ins Schwarze kippen lassen. Sie sind diejenige, die hier die Herausforderung wählt, und Sie können sie so klein oder so groß machen, wie Sie wollen. Aber ganz gleich, worum es geht, Sie werden wissen, dass sie entscheidet. (Und vielleicht wird die Frage, die Sie wählen, um Position zu beziehen – und von der Sie schon wissen, wie Ihr Partner reagieren wird –, zeigen, dass Sie sich tief drinnen schon entschieden haben und dass dieser Test nur noch dazu dient, Ihnen zu beweisen, dass Sie recht haben.)

Was ist der Sinn dieses Tuns? Sie finden die anstehende Entscheidung so schwer, dass Sie sie unmöglich treffen können. Deshalb brauchen Sie einen Kunstgriff. Sie müssten eine Münze werfen, aber es kann kein wirklicher Münzwurf sein, weil ich schätze, dass Sie sich nicht an das Ergebnis halten werden. Sie werden sein wie der junge Mann, der mit Blütenblättern spielt: »Sie liebt mich, sie liebt mich nicht …« Er wird so lange immer neue Blumen pflücken und zerzupfen, bis er die Antwort bekommt, die er möchte. Obwohl diese Herausforderung wie ein Münzwurf ist, ist sie zugleich auch mehr, denn ob Sie Kopf oder Zahl werfen, liegt nicht an Ihnen, sondern an Ihrem Partner. Und es gibt nur einen einzigen Versuch.

Wenn Ihr Partner zu dem Abendessen mitkommt und sich gut benimmt, dann haben Sie zumindest ein klein wenig mehr Spielraum, um zu sehen, ob Sie noch weitere Verbesserungen erzielen können. Vielleicht haben Sie den Fehler gemacht, zu große Fortschritte zu erwarten, statt in winzigen Schrittchen vorzugehen. Wenn er sich weigert, dann schmieden Sie Ihren Fluchtplan. Und halten sich daran.

Hören Sie auf, Ausflüchte zu machen! Jawohl, oft sind Ausflüchte das, was die Menschen davon abhält, einen Entschluss zu fassen oder aktiv zu werden. Sie reichen von zeitlichen Rücksichten (»Es ist kurz vor seinem Geburtstag, unserem Hochzeitstag, dem Valentinstag«) bis zu äußeren Ereignissen (»Ich habe in der Arbeit ein großes Projekt zu bewältigen, da muss ich meinen Kopf beisammen haben) und schlichter Angst vor dem Unbekannten.

Hier können Ihre Freunde eine hilfreiche Rolle spielen. Sie haben sich entschlossen, zu gehen, aber Sie zögern noch immer. In dieser Situation können Sie Ihren Freunden sagen, dass Sie gehen. Fragen Sie sie nicht nach ihrer Meinung, sondern informieren Sie sie nur darüber. Die meisten werden Sie unterstützen und Ihnen extra Schubkraft geben. Vielleicht haben Sie sogar Lösungen für praktische Überlegungen anzubieten (»Du kannst bei mir auf der Couch schlafen, solange es nötig ist«).

Gehören Sie zu den Menschen, die jedes Jahr an Silvester gute Vorsätze fassen, die am 15. Januar alle schon Schnee von gestern sind? Ein besserer Umgang mit solchen Vorsätzen bestünde darin, jeden Monat nur einen zu fassen und nicht am 31. Dezember ein ganzes Dutzend.

Dieselbe Regel gilt für den Entschluss, zu gehen. Vielleicht haben Sie eine ellenlange Liste von Punkten, die Sie abarbeiten müssen, um sich auf Ihren Abgang vorzubereiten. Ihrem Partner zu sagen, was Sie vorhaben, ist nur ein Teil davon. Doch in so einem Fall legen Sie am Ende sehr wahrscheinlich die ganze Liste zur Seite. Da empfehle ich Ihnen lieber die Devise: Teile und herrsche! Nehmen wir an, einer der Punkte auf Ihrer Liste ist, dass Sie nach einer neuen Bleibe Ausschau halten. Eine neue Wohnung zu suchen und zu mieten, ist zeitraubend und teuer und kann deshalb leicht zu einer Ausrede werden. Aber wenn Ihre Eltern in der Nähe wohnen und Sie sehr bereitwillig wieder aufnehmen würden, um Sie den Klauen Ihres Partners zu entreißen, dann sagen Sie ihnen, dass Sie kommen.

Machen Sie Ihre Liste und nummerieren Sie die einzelnen Punkte – nicht nach ihrer Wichtigkeit, sonst stünde das Gespräch mit dem Partner gleich an erster Stelle, sondern nach der Reihenfolge, in der sie erledigt werden müssen. Und sobald Sie einen Punkt erledigt haben, streichen Sie ihn von der Liste. Ein eigenes Bankkonto eröffnen, abhaken. Wichtige Dokumente vom Computer auf ein anderes Speichermedium kopieren, abhaken … Das kann einige Zeit in Anspruch nehmen, aber Sie werden sehen: Wenn Sie immer mehr Punkte abhaken, wird es leichter, das eigentliche Ziel zu erreichen, weil Sie dann gut vorbereitet sind. Wenn Sie mehr Selbstvertrauen gewinnen, werden Sie entdecken, dass es immer einfacher wird, am Ende den Partner über Ihren Entschluss zu informieren.

Ich habe mir selbst in diesem Buch mehrmals widersprochen, und ich will es hier gleich noch einmal tun. Ich habe gesagt, Sie sollten Ihrem Partner oder Ihrer Partnerin persönlich mitteilen, dass Sie gehen, und halte das immer noch für richtig. Aber wenn Sie nun zu den Menschen gehören, die das einfach nicht über sich bringen? Wenn genau dieser Aspekt der Trennung das ist, was Sie bremst? Ist es sinnvoll, dass Sie zusammenbleiben, nur weil Sie nicht den Mut aufbringen, Ihrem Partner gegenüberzutreten und ihm zu sagen, dass Sie gehen? Die Antwort lautet: Nein. Wenn Sie gehen müssen, müssen Sie gehen, und das hat Vorrang. Packen Sie Ihre Sachen und schreiben Sie einen wohlüberlegten Brief, der Ihr schlechtes Gewissen wenigstens ein wenig besänftigen wird.

Manche Frauen wollen bei einer Geburt auf keinen Fall eine Periduralanästhesie bekommen, während andere gern eine Spritze hätten, falls die Schmerzen allzu groß werden. Keine der beiden Einstellungen ist falsch. Das Ziel ist, das Baby zur Welt zu bringen. Und genauso ist es, wenn man eine Beziehung beendet. Sie müssen herausfinden, was für Sie stimmt. Wenn Gehen das Richtige ist, dann ist es das Wichtigste, dass

Sie genau das tun. Wenn das größte Hindernis dieses schreckliche Gespräch ist, das Sie führen müssen, dann verzichten Sie darauf.

Und wenn es Ihnen ein besseres Gefühl gibt, können Sie auch eine Flasche von seinem oder ihrem Lieblingswhisky oder -wodka auf den Tisch stellen. Klingt das verrückt? Denken Sie daran, dass ich Verhaltenstherapeutin bin. Ich versuche den Menschen zu helfen, aktiv zu werden und nicht nur über ihre Probleme zu reden. Und manchmal muss man sich mit einer List dazu bringen, das Richtige zu tun. Wenn Sie wegen Ihres Weggehens extreme Schuldgefühle haben, dann müssen Sie Wege finden, sie zu verringern. Das Gehen an sich ist eine klare, deutliche Aussage, daher brauchen Sie sich keine Gedanken darüber zu machen, welche Botschaften Sie vielleicht mit einem Abschiedsgeschenk hinterlassen. Das Geschenk (oder was immer Sie am Ende als mentale List einsetzen) ist nicht wirklich für Ihre oder Ihren Ex, es ist für Sie, weil es Ihnen hilft, den Abgang zu schaffen.

Ein weiterer Trick, den Sie anwenden können, um diesen Berg der Angst vor dem Gehen zu überwinden, ist, dass Sie Ihrem Partner oder Ihrer Partnerin sagen, Sie würden mit ein paar Freunden oder mit Verwandten in den Urlaub fahren, auf Geschäftsreise gehen oder es sei in der Verwandtschaft ein »Notfall« eingetreten und Sie müssten hinfahren und helfen. Jede dieser Reisen wird Ihnen eine Entschuldigung dafür liefern, dass Sie eine Tasche mit allen wichtigen Dingen packen, und wird Ihnen eine Woche Zeit geben, sich irgendwo anders häuslich einzurichten.

Mir ist klar, dass das eine Lüge ist, aber wie ich schon gesagt habe, bin ich absolut für harmlose Lügen. Hier handelt es sich zwar um mehr als eine harmlose Lüge, aber wenn Sie eine rettende Hintertür brauchen, dann erinnern Sie sich an das Sprichwort: In der Liebe und im Krieg ist alles erlaubt.

Wenn Ihnen das Weggehen schwergefallen ist, dann vollziehen Sie den Bruch so glatt wie möglich. Geben Sie der Post Bescheid, dass Ihre Briefe an eine andere Adresse geschickt werden sollen, damit Sie nicht zu Ihrer früheren Wohnung zurückkehren müssen, um sie zu holen. Wenn Sie bisher gemeinsam in den Gottesdienst gegangen sind, dann suchen Sie sich ein neues Gotteshaus, damit Sie nicht zufällig Ihrem oder Ihrer Ex in die Arme laufen. Schauen Sie sich die vielen Schnittstellen Ihres bisherigen Lebens an und machen Sie um eine nach der anderen einen Bogen. Nach einiger Zeit werden Sie weniger verletzlich sein. Aber am Anfang brauchen Sie keine Erinnerungen an die Vergangenheit, sondern nur Wege in die Zukunft.

Ein paar Gedanken zum Schluss

Zu den Wörtern, die ich am wenigsten mag, gehört das Wort »normalerweise«. Ständig stellt man mir Fragen vom Typ: »Wie oft hat ein Paar normalerweise Sex in der Woche?« Meine Reaktion auf solche Fragen lautet: »Wen interessiert das?« Wenn Menschen normalerweise mit 82 Jahren sterben, werden Sie sich dann vor einen Bus werfen, bevor Sie 83 werden? Sie möchten vielleicht mehr oder weniger Sex mit Ihrem Partner oder Ihrer Partnerin haben (denn dieser Wunsch führt im Allgemeinen zu solchen Fragen), aber dieses Verlangen hat nichts, aber auch gar nichts mit dem zu tun, was alle anderen machen. Die Häufigkeit, mit der Sie Sex haben, können nur Sie beide ganz allein bestimmen.

Die Statistik, laut der 50 Prozent aller Ehen mit einer Scheidung enden, ist dem Wort »normalerweise« darin ähnlich, dass sie die Menschen beeinflusst. Aber das sollte sie nicht. Wenn Sie entscheiden, ob Sie gehen oder bleiben sollen, sollte Sie nichts anderes beeinflussen als Ihre Einschätzung des Zustands Ihrer Beziehung und nicht, wie viele andere Paare sich gleichzeitig trennen. Ist die Beziehung eine gute oder eine schlechte? Wie gut oder wie schlecht? Die Antworten auf solche Fragen sind subjektiv. Nur Sie können diese Entscheidung treffen. Eine Beziehung aufzugeben, die jemand anders vielleicht für gut halten würde, oder in einer zu bleiben, die alle anderen für schrecklich halten, ist völlig in Ordnung. Was zählt, ist, wie Sie sich darin fühlen.

Halten Sie inne und überlegen Sie:
Beruht Ihre Einschätzung vom Zustand Ihrer Beziehung auf Ihren eigenen Gefühlen oder wirken sich äußere Einflüsse auf Ihre Sichtweise aus?

Es ist nicht immer leicht, die eigenen Gefühle in Bezug auf die Beziehung von dem zu trennen, was andere – Angehörige, Freunde, die Gesellschaft im Allgemeinen – dazu meinen. Es wird Sie wahrscheinlich einige Mühe kosten, sich von diesen fremden Meinungen zu befreien. Wie erfolgreich Sie damit sind, kann davon abhängen, wie stark Sie sich generell von den Meinungen anderer beeinflussen lassen. Kaufen Sie bestimmte Markenartikel, weil Sie sie mögen oder weil Sie von den Menschen in Ihrer Umgebung (oder der Werbung) beeinflusst wurden? Gehen Sie in eine bestimmte Kirche, wählen Sie eine bestimmte Partei oder begeistern Sie sich für eine Mannschaft, weil das Ihrem momentanen Gefühl entspricht, oder werden Ihre Gefühle von Ihrer Erziehung beeinflusst? Würden Sie eine Beziehung mit jemandem eingehen, der einer anderen Ethnie, Religion oder Kultur angehört, obwohl Sie wissen, wie viel Kritik Sie damit vielleicht ernten werden?

Ich kann leicht sagen, Sie sollten alle diese Einflüsse herausfiltern, aber wenn Sie nicht gern gegen den Strom schwimmen, dann müssen Sie diese Einflüsse eventuell in Betracht ziehen. Bedenken Sie, dass es letzten Endes nur darum geht, wie Sie sich fühlen. Wenn äußere Einflüsse Ihnen ein schlechtes Gefühl für Ihre Beziehung geben, dann müssen Sie sie berücksichtigen. Vielleicht sind sie nicht der entscheidende Faktor, aber eben doch ein Faktor.

Menschen geraten oft in die Klemme, wenn sie sich zwischen Gehen und Bleiben entscheiden sollen, weil ihre Beziehung ihnen Widersprüchliches signalisiert. Nach einem schrecklichen Tag möchten Sie gehen, aber dann folgen wieder einige gute Tage, und schon sind Sie sich nicht mehr so sicher. In solchen Fällen sollten Sie nicht, wie oben schon gesagt, auf einzelne Momente schauen, sondern Sie müssen sich das ganze Muster ansehen. Keine Beziehung ist vollkommen, in jeder Beziehung gibt es gute und schlechte Tage; daher sollten Sie sich fragen, ob die guten Tage im Allgemeinen zahlreicher sind als die schlechten. Diese Frage lässt sich in eine einfache mathematische Aufgabe verwandeln. Führen Sie ein Tagebuch über Ihre Beziehung und beurteilen Sie sie jeden Tag als überwiegend gut, überwiegend schlecht oder mittendrin. Am Ende des Monats zählen Sie die Zahlen in allen drei Säulen zusammen. Wenn die schlechten Tage zahlreicher sind als die guten, dann haben Sie Stoff zum Nachdenken.

Doch denken Sie nicht allzu viel über all das nach. Anders gesagt: Machen Sie sich nicht verrückt. Wenn Sie dieses Buch gelesen haben, über eine Antwort auf meine Fragen nachgedacht und immer noch keine klare Antwort darauf haben, was Sie tun sollen, dann schieben Sie das Thema Weggehen für eine Weile beiseite. Sie haben bestimmt schon gehört, dass Paare, die unbedingt ein Kind haben wollen, manchmal erst dann eines bekommen, wenn sie den Wunsch loslassen. Wenn Sie wegen einer bestimmten Schwierigkeit, vor der Sie stehen, sehr angespannt sind, wird sie am Ende schwerer zu überwinden sein. Für manche von Ihnen ist es ganz eindeutig außerordentlich schwer, diese Entscheidung zu treffen. Wenn Sie in diese Kategorie fallen, rate ich Ihnen, mindestens einen Monat lang einfach nicht mehr über diese Frage nachzudenken. Ignorieren Sie die Dinge, die Sie an Ihrem Partner oder Ihrer Partnerin stören. Gehen Sie Ihrem täglichen Leben nach, und wenn die Frage nach dem Gehen oder Bleiben auftaucht, schieben Sie sie beiseite. Um das fertigzubringen, müssen Sie sich vielleicht einreden, Sie hätten beschlossen, zu bleiben. Machen Sie sich keine Gedanken darüber, Sie können später Ihre Meinung wieder ändern. Wenn Sie es fertigbringen, ein wenig gelassener mit dem Thema umzugehen, dann wird Ihnen Ihr Gehirn vielleicht in einem Monat die richtige Entscheidung präsentieren, wenn Sie sich der Frage wieder zuwenden.

Ein weiterer Punkt auf Ihrer Aufgabenliste für diesen Monat ist, dass Sie versuchen, den Rest Ihres Lebens in Ordnung zu bringen oder zumindest deutlich zu verbessern. Wenn Sie eine ganze Reihe von Schwierigkeiten haben, werden diese negative Auswirkungen darauf haben, wie Sie Ihre Beziehung einschätzen. Wenn Sie beispielsweise ständig missmutig sind, wird es Ihrem Partner oder Ihrer Partnerin schwerfallen, Ihre Gunst zu gewinnen. Mir ist klar, dass Sie nicht Ihr ganzes Leben in einem Monat auf die Reihe bekommen können, aber schon wenn Sie einige Fortschritte machen, wird das Ihre Einstellung zu Ihrer Beziehung verändern. Wenn Ihr Leben einen Aufschwung nimmt, und sei es auch nur einen kleinen, dann werden Sie Ihre Beziehung mit anderen Augen sehen.

Viele Psychologen und Therapeuten stellen lediglich Fragen. Sie wollen Ihnen nicht sagen, was Sie tun sollen, sondern sagen, das müssten Sie selbst entscheiden. Ich bin nicht so. Wenn ich denke, ein Klient oder eine Klientin mache einen Fehler, dann sage ich es. Wenn Sie in meiner Praxis wären und ich dächte, nachdem ich Ihre Geschichte gehört hätte, Sie sollten aus Ihrer derzeitigen Beziehung aussteigen, würde ich Ihnen das klipp und klar sagen. Aber Sie sind natürlich nicht in meiner Praxis, deshalb kenne ich nicht Ihre ganze Geschichte. Doch aufgrund der Tatsache, dass Sie dieses Buch gelesen haben, weiß ich, dass es in Ihrer Beziehung Probleme gibt. Und obwohl ich Ihnen nicht sagen kann, was Sie tun sollen, kann ich Ihnen doch sagen, wie Sie vorgehen sollen. Die Antwort ist, eine abschließende Einschätzung vorzunehmen und dann zu handeln. Was Sie auf keinen Fall brauchen können, ist, ewig in einem Schwebezustand zwischen Gehen oder Bleiben zu verharren.

Wenn Sie beschließen, zu bleiben, heißt das nicht, dass Ihr Leben plötzlich auf Rosen gebettet sein wird. Die Probleme, die Sie hatten, werden Ihnen erhalten bleiben. Sie haben lediglich beschlossen, dass sie nicht groß genug sind, einen Bruch zu rechtfertigen. Wenn Sie diese Entscheidung getroffen haben, müssen Sie einen Aktionsplan entwerfen, um sicherzustellen, dass Sie nicht noch einmal an denselben Entscheidungspunkt gelangen. Sie müssen Vorbeugungsmaßnahmen treffen, statt nur herumzusitzen und auf die nächste Krise zu warten.

Wenn Sie einmal einen solchen kritischen Punkt erreicht haben, hat das den Vorteil, dass Sie zwangsläufig erkennen, dass Sie nichts als selbstverständlich ansehen können. Sie können weder Ihre Beziehung für selbstverständlich halten noch voraussetzen, dass Sie für immer zusammenbleiben werden. Und vor allem dürfen Sie sich nicht gegenseitig als etwas Selbstverständliches ansehen. Deshalb müssen Sie Ihren Partner oder Ihre Partnerin auch über Ihren Entschluss zu bleiben informieren. Wenn Sie beschlossen hätten, die Beziehung zu beenden, hätte Ihr Partner oder Ihre Partnerin das bald herausgefunden. Aber da Sie beschlossen haben zu bleiben, hätten Sie diesen Krisenpunkt auch erreichen können, ohne Ihrem Partner oder Ihrer Partnerin zu sagen, wie knapp Sie vor einer Trennung standen. Ich empfehle Ihnen, das nicht so zu machen. Ihr Partner oder Ihre Partnerin muss verstehen, dass Ihre Beziehung kurz vor dem Bruch stand und dass Sie beide Verantwortung für Ihre Zukunft übernehmen müssen. Obwohl ich natürlich sehr erfreut bin, dass Sie meinen Rat gesucht haben, möchte ich nicht, dass Sie dieses Buch in sechs Monaten noch einmal zur Hand nehmen müssen, weil Sie wieder am gleichen Punkt der Entscheidung angekommen sind: Bleib ich oder geh ich jetzt?

Dank

Dr. Ruth K. Westheimer

Zum Andenken an meine ganze Familie, die im Holocaust ums Leben kam. Zum Andenken an meinen verstorbenen Mann, Fred, der mich bei all meinen Vorhaben gefördert und ermutigt hat. Für meine jetzige Familie: meine Tochter, Miriam Westheimer, EdD; meinen Schwiegersohn, Joel Einleger, MBA; ihre Kinder, Ari und Leora; meinen Sohn, Joel Westheimer, PhD; meine Schwiegertochter, Barbara Leckie, PhD; und ihre Kinder Michael und Benjamin. Ich habe die besten Enkelkinder auf der ganzen Welt!

Ich danke sämtlichen Familienmitgliedern und Freunden, weil sie so viel zu meinem Leben beigetragen haben. Ich bräuchte ein ganzes Kapitel, um sie alle aufzulisten, aber einige müssen hier erwähnt werden: Pierre Lehu und ich haben mittlerweile bei über 20 Büchern zusammengearbeitet; er ist der beste Kommunikationsminister, den man sich nur wünschen kann! Cliff Rubin, meinem Assistenten: danke! Dr. Peter Banks; Simon und Stefany Bergson; Nate Berkus; Michael Berra; David Best, MD; Frank Chervenak, MD; Richard Cohen, MD; Martin Englisher; Cynthia Fuchs Epstein, PhD; Howard Epstein; Raul Galoppe, PhD; Meyer Glaser, PhD; David Goslin, PhD; Amos Grunebaum, MD; Herman Hochberg; David Hryck, Esq.; Steve Kaplan, PhD; Rabbi Barry Dov Katz und Shoshi Katz; Bonnie Kaye; Patti Kenner; Robert Krasner, MD; Nathan Kravetz, PhD; Marga Kunreuther; Dean Stephen Lassonde; Matthew und Vivian Lazar; Rabbi und Mrs William Lebeau; Robin und

Rosemary Leckie; Hope Jensen Leichter, PhD; Jeff und Nancy Jane Loewy; John und Ginger Lollos; Sanford Lopater, PhD, und Susan Lopater; Rafael Marmor; David Marwell; Marga Miller; Peter Niculescu; Dale Ordes; Rabbi James und Elana Ponet; Leslie Rahl; Bob und Yvette Rose; Debra Jo Rupp; Larry und Camille Ruvo; Simeon und Rose Schreiber; Daniel Schwartz; Amir Shaviv; David Simon, MD; Betsy Sledge; William Sledge, MD; Mark St. Germain; Henry und Sherri Stein; Jeff Tabak, Esq., und Marilyn Tabak; Malcolm Thomson; Ryan White; Greg Willenborg und Ilse Wyler-Weil. Und allen Mitarbeitern bei Amazon Publishing, die sich so ins Zeug gelegt haben, damit dieses Buch (im amerikanischen Original) das Licht der Welt erblickt: Jeff Belle, Erin Calligan Mooney, Chad Sievers und dem ganzen Team, sowie dem Gründer von Amazon und seiner Frau, die mich zum Campfire eingeladen und dieses Vorhaben auf den Weg gebracht haben: Jeff und MacKenzie Bezos.

Pierre A. Lehu

Ich danke meiner Frau Joanne Seminara; meinem Sohn Peter; meiner Schwiegertochter Melissa Sullivan; meinen fantastischen Enkeln, Jude Sullivan Lehu und Rhys Sullivan Lehu; meiner Tochter Gabrielle; meinem Schwiegersohn Jim Frawley und ihrer bezaubernden Tochter Isabelle. Und natürlich danke ich Dr. Ruth Westheimer für das Privileg, an so vielen ihrer Bücher mitarbeiten zu dürfen.